頭と仕事をシンプルにする

# 思考整理50のアイディア


サイモン・タイラー

斉藤裕一［訳］

CCCメディアハウス

# はじめに

この本は、あなたのキャリアと仕事、人生を「シンプル」にするための方法をまとめたハンドブックだ。私はコーチングの仕事でほとんど常に、クライアントの仕事とキャリア、生活をシンプルな状態に戻すことに的を合わせている。「シンプルにいこう」という合言葉によって、クライアントとの対話と理解が深まり、困難や障害が解消されて、アイデアがずっと生まれやすくなる。

「シンプルにいこう」は、私自身が問題に対処するうえでしてきた選択を言い表している。ほとんどいつでも、それがいちばん効果的、効率的なやり方であり、あなたにもできるものだ。それを「シンプルノート」にまとめたのが、この本だ。親にサイモン（Simon）という名をもらった私が「シンプル（simple）」と切っても切れない関係になり、「シンプル」は私の信念になった。困難な状況や仕事に直面したとき、クライアントが行き詰まってしまったときの「頼みの綱」になった。シンプルにすることで、必ず道が開けるのだ。

私はフリーランスや大企業の社員として働いたり、あるいは小さな新興企業や自分自身の会社で仕事をしてきたほか、他の会社の取締役も務めてきた。コーチ、コンサルタント、ファシリテーター、セミナーの講師として、すばらしい学びの場も経験してきた。このすべてが、数的にも質的にも豊富なケーススタディにつながった。

私は長年、並外れて複雑な人生や事業の計画を目の当たりにしてきた。複雑さから問題が生じて遅れや混乱、失望、さらにはまひ状態に行き着く場合もある。実際には常にシンプルなやり方があるのだが、「シンプルにいこう」と口で言われることはあっても、それが徹底されることはほとんどない。

私は長い間、それを実践し、その過程でさまざまな発見をしてきた。2009年にはブログを始め、頭に浮かんだことを2〜3週間ごとに書き込んでいる。クライアントとの会話の内容や自分自身の課題、何かで読んだり聞いたり、経験したりしたことなどだ。思いも寄らない出来事や説明がつかないような出来事について書くことも少なくない。その手の内容は読者の反応が特に大きくなりやすい。インパクトが大きいのだろう。

この本については、直線的に（初めから順に）読むよりも、その日や週の自分の状況に役立つ考え方やアイデアを読み取っていくことをお勧めする。この本以外の内容も含めて利用しやすくするために、ウェブサイト[※1]で選択ツールを使えるようにした。仕事や人生の最も一般的な問題の一部に

※1　www.simontyler.com

役立つ「シンプルノート」をドロップダウンのリストから選ぶことができる。それぞれの「シンプルノート」から、新しい形で課題と向き合う方法が得られるはずだ。

私は本書の全体を通して、これまであなたがほんの少ししか考えていなかった問題、表面的な答えしか出していなかった問題を投げかけるようにした。効果を最大限に高めるために、そのそれぞれの問いについて、立ち止まってじっくり考えてみてほしい。ペンを取って考えを紙に書くのもいいだろう。

「シンプルノート」をいくつか読めば、前向きな自己変革を起こすうえでのいくつかの基本的テーマに気づき始めるはずだ。私のコーチングと「シンプルノート」の中心にある信条は、次のような点に基づいている。

**自分で求めていようがいまいが、自分で考えることが結果になる。**

**思考は感情を引き起こし、感情は行動を引き起こす。そして、その行動が自分の世界で結果を生み出す（どんな場合でも）。**

**自分の考え方がどこから来ているのか、何がそれを引き起こしているのかを理解すれば、自己成長の道を大きく進んでいけることになる。**

**そして私は常に、シンプルであることの重要性に立ち返るようにしている。**
**生活で困難に直面したときには、シンプルにすることで状況が良くなる。**
**生活が順調なときには、シンプルにすることでさらに状況が良くなる。**

この本を持ち歩いたり手元に置いたりして、必要な時にいつでも開けるようにしてもらえればと思う。力を取り戻したり、アイデアや突破口を見つけ出したり、職場のチームとテーマを共有したりすることにも役立つはずだ（遠慮なくそうしてほしい。この本や私のサイトのことをチームのメンバーに教えてもらえれば幸いだ）。

この本であなたはきっと、驚くほど役立つアイデアをいくつも得られるだろう。うまくいって自己変革が進むようになったら、ぜひ私に知らせてほしい。その成果は他の人たちの刺激になるはずだから。「シンプルにする」ことは、あなた自身が選び取ることだ。その選択はどんな時でも、あなたの意思で、あるいは必要に応じてすることができる。

サイモン・タイラー

# このハンドブックの使い方

この本は簡潔に、内容をのみ込みやすいようにした。「シンプルノート」はそれぞれ独立しているので、1つずつ分けて読み進めていくのが理想的だ。毎週1つずつ読み、それを実行していくことで、自分自身を高めていける。それぞれの「シンプルノート」は記憶に残りやすいタイトルにして、さらに刺激になる名言を付け加えた。その名言だけでも、しばらく考えてみるのに値する。

しかし、この分野の本の多くがそうであるように、あなたの心に強く響く「シンプルノート」がある一方で、顔をしかめたくなるようなものもあることだろう。そうした抵抗を感じたものは切り捨てて、流れを保つようにしてほしい。自分が気に入ったものを実践し、それ以外はパスすればいい。したがって、この本の使い方としては——

●**初めから順に、毎週1つずつ「シンプルノート」を追っていく。**

●**初めから読み進めて、自分が気に入ったページに印を付け、自分の準備ができたところで、それを実践していく。**

●**ランダムに本を開き、そのページの「シンプルノート」から始める。**

●**参考書として使う。自分の同僚やクライアント、職場のチームの必要に応じて、それに合う「シンプルノート」を見つけ出し、一緒に取り組む。**

「シンプルノート」を実践に移していくうちに、自分の考えが落ち着き、それまで困難に思えた状況に余裕をもって向き合えるようになるだろう。どの「シンプルノート」を選んでも、楽しみながら課題を実践するようにしてほしい。そこでも大事なのは、常に「シンプル」にすることだ。

**物事をシンプルにするための「シンプルノート」**

「この世界のすばらしさは、私たちが今いるところでなく、向かっている先にある」

——オリバー・ウェンデル・ホームズ・シニア（1809-1894年）

# 目次

目次

装丁＆本文デザイン
竹内淳子（慶昌堂印刷株式会社）

# 01 ベストな状態か？

「あなたは20年後、自分がしたことよりも、しなかったことを悔いるようになる。だから今、舫《もやい》を解き、安全な港から船出しよう。帆に貿易風を受けて。探検しよう。夢を見よう。発見しよう」

――マーク・トウェイン（1835-1910年）

あなたは今、ベストな状態にあるだろうか。今この瞬間、今日、この1週間は？　光り輝いている状態だろうか。実力をフルに発揮できているか。エンジン全開の状態になっているだろうか。

私は自分自身の働きぶり、あるいは働こうとする姿勢を客観的に見てきた経験から、ベストな状態にあることと仕事の成果（金銭的な成果など）、気分の良さ、効率、能率との間には相関関係があると完全に断言できる。

影響力を振るうこと、創造力を発揮すること、他の人たちを刺激すること――そうなれるのは、自分がベストな状態にあるときだ。そうでないときには、どれもうまくいきにくい。15年にわたってコーチングをしてきた経験から、ほぼすべての人に同じことがあてはまると言える。何時間か、あるいは1日、さらには1週間かそれ以上にわたって「ベストな状態」でいられると、すばらしい成果が上がる。壁が突き破られ、それまでもやがかかっていた問題がはっきり見えるようになり、自分だけでなく周りの人たちも仕事の成果が高まる。

いつもベストな状態でいられたら、と思うはずだ。いつもというのは無理でも、ベストな状態になることを今よりずっと多くすることはできる。

第一に、それは自分自身の意識と意志による選択の問題だ。あなたは自分の生活と仕事をコントロールできる。他の誰にも、それはできない。出現した問題にどう対処するか、決めるのはあなた自身だ。遭遇した状況の犠牲者になる必要はない。つまり、選択の問題だ。

第二に、ベストな状態にあるときの自分の姿に意識を向ける必要がある。どんな状況がそれをもたらすのか。その状況は何から生まれるのかなど、できるかぎり細かく突き詰めてみる。

そして第三に、毎日ベストな状態になれるようにするための環境づくりをする必要がある。わが友人でコーチングの大家、ケイト・ダフィーが勧める方法を紹介しよう。ペンを持って少なくとも3分間、意識を集中させて、次の文章を完成させるようにする。

「私がベストな状態になるのは……（のときだ）」

これを何度も繰り返していくうちに、共通する要素が見えてくる。そして、そうした状況を自分でつくり出せるようになる。これは特に、仕事の量が手に余るような日に役立つ。そうしながら一歩ずつ、要素を足したり引いたりして磨きをかけていく。こうすることで、ベストな状態になりやすい状況をつくり出し、自分のベストな状態をより良いものにしていける。

# 02 ノイズ

「自分自身の成功への決意が他の何よりも大事であるということを、片時も忘れてはならない」
――エイブラハム・リンカーン（1809-1865年）

私たちは実に多くのノイズに取り巻かれている。車の音、人の話し声、音楽、パソコンの音、メールの着信音、さらには天井の照明の音まで。しかし、それにも増して何よりも厄介なノイズがある。それは自分自身の内なる声、雑念、感情の噴出、気の迷いなどだ。こんなにノイズが入り交じっているのだ。

複数の思考に集中することは、これまでにも増して難しくなっている。私の経験から言うと、企業経営者たちのアテンション・スパン（最も創造的になれる純粋な集中力の持続時間）は数分間にまで減っている。仕事に集中した状態は1～2時間続くと思われているかもしれないが、実際には違う。頻繁に何かに邪魔され、そのたびに集中状態に入り直すことを繰り返しているのだ。つまり、仕事の仕方に問題があるのだ。

もちろん、仕事はめまぐるしいペースで進み、その中で意思決定や情報の処理、メッセージの発信、人への働きかけをしなければならない。現代の企業トップは圧迫を感じている。往々にして誤った決定が下され、情報が不足し、メッセージは内容が不十分で伝え方もまずく、効果が薄れてしまう状態になっている。

このような問題に対して、今すぐ取り組みを始め、あなたの頭の片隅で眠っている能力や創造性を再活性化させよう。私が見つけたり、人から教わったりして、実際に試した数々の方法がある。

新しく見つけた方法については、ブログ（www.simontyler.com）で取り上げるようにしている。あなたに必要なのは、思考のスペースを広げることだ。新しい考え方や発想を可能にするスペース、自分の周りで起きていることに耳を傾け、目を凝らせるようになるためのスペースだ。必ずしも何時間も取る必要はなく、毎日数分間ずつで始められる変革のプロセスだ。手始めとして――

**書く：**ジュリア・キャメロンは著書『ずっとやりたかったことを、やりなさい。』の中で、頭に浮かんだ事柄を3ページ分書くことから1日を始めることを勧めている（できばえを判断したり、読み直したりせず、ただ単純に書く）。書くという行為が思考を解き放ち、それを言葉にする力が高まる。つまり、その日の頭のウォーミングアップになる。

**間を取る：**質問に答えたり意見を言ったりする前に、3つ数えるようにする（口には出さずに心の中で）。これだけの時間で、脳は驚くほど多くの情報に考えをめぐらすことができる。そして、あなたの発言は単なる「反応」から「返答」に変わることになる。

**呼吸：**息を深く吸って止め、ゆっくり吐き出すことを10回繰り返す時間を毎日2回、取るようにしよう。不安や緊張、怒り、ストレス、心配などが和らいで心が落ち着き、頭がはっきりしてオープンな気持ちになれるはずだ。

**話す：**コーチやメンター（指導役）、信頼している同僚と話すことは、もつれた考えを整理し、自分が話す言葉に自分自身で耳を傾けることにつながる。ノイズにあふれた毎日の中で、自分だけの静かな空間を生み出すことにもなる。

これを1つずつ、1週間試してみて、自分に合う「ノイズ・フィルター」を見つけよう。

# 03 落ち込みを止める

「成功の秘訣の1つは、一時的な挫折に負けないようにすることだ」
——メアリー・ケイ（1918-2001年）

程度の差はあれ、私たちの誰もが周りの人や出来事と感情的に結びついている。このような外部的影響が、しばしば条件反射のような感情的反応を引き起こし、それによって思考や感覚、気分が高まったり落ち込んだりする。これは無意識的な選択であるのだが、いつもいちばん生産的な選択になっているだろうか。おそらく、そうではないはずだ。

実際のところ、自分の反応によって自分自身の力が弱まり、意識下の創造力を縛りつける状態にもなっているはずだ。つまり、判断力や思考力、直観力など、正しく反応する能力が損なわれているということだ。

この反応のプロセスの最中には身体的な変化が起こり、それが感情的反応を引き起こす。肩をすくめたり顔をしかめたり、さらには体の力が抜けたりすることだ。このような「落ち込み反応」には、肩を落とすことやうつむくこと、あごが上がること、うつむいて大きなため息を吐くことなど、さまざまな形があるが、どれも気分の落ち込みにつながる。

あなたにも、無意識のうちに形成された特有の落ち込み反応が染みついているはずだ。そして、それが脳を通じて一定の思考や感情、気分につながっている。他の人にはわからないような落ち込み反応でも、パターン化によって、あなたを「ベストでない状態」にしてしまう。

クリケットのイングランド代表チームの国際試合で、主力選手が早々にアウトになってチームの面々が肩を落とすのを見たことがある。驚くまでもなく（私にとっては）、その後の打者は「試合に入り直す」ことに苦労していた。これはスポーツの世界でよく使われる表現だが、ビジネスの世界にもあてはまる。

私は、企業の会議でコスト削減やリストラなどに関する話になると、この落ち込み反応が現れることに気づいた。その後、まったく別の話になっても創造的な意見が出にくくなり、解決を目指そうとする前向きな姿勢が薄れてしまう。

これからの2週間の課題として、自分自身の落ち込み反応を見極め、それが出たら気づくようになってほしい。自分で気づいたら、笑い飛ばしてそれを止め、別の反応をしてみる。背筋を伸ばして体に力を込める、おなかで力強く呼吸する、といったように。あなたの脳には、これまでの反応が染みついたままかもしれないが、それが落ち込み反応であることをはっきり自覚し、正しい反応を自分で見つけ出すことができるようになる。

このような形で落ち込みを止めることを1週間続ければ、これまでいら立ちや不満、動揺、さらには無力感を引き起こしていた状況に対する感じ方が変わり、自分の能力が影響を受けないようになり始めたことを感じ取れるはずだ。

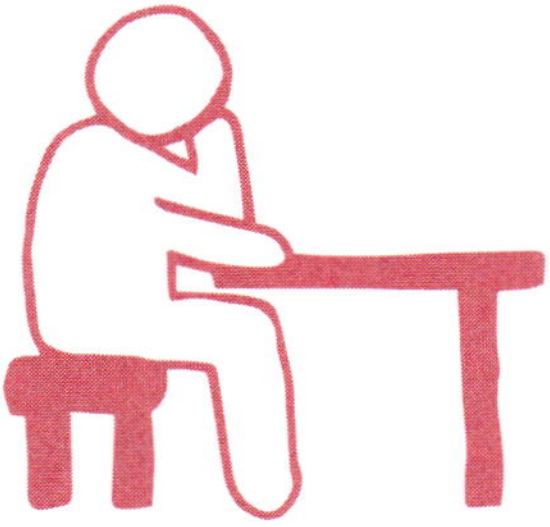

# 04 構え

「問題を生み出した考え方と同じレベルで問題を解決することはできない」

――アルバート・アインシュタイン（1879-1955年）

あなたは、どんな構えを取っているだろうか。成功に向かっていこうとする構えか、失敗を招いてしまうような構え、あるいは流れに身を任せるという構えか。楽しい時に向かっていこうという構え方をしているだろうか。ここで言っているのは生来的な気質のことではなく、あなたが取っている構えのことだ。

あなたの構え方は、どんなものなのか。そもそも、自分の構え方に気づいているだろうか。あなたの構え方は、日々の外部的な力に影響されているだろうか。そうだとしたら、それはランダムな外部環境の結果として、そうなっているのか。

私はコーチングの仕事を通じて、その人の構え方が日々の経験と結果にそのまま映し出されることに気づいた。今日は慌ただしくなるとか、ストレスや争いが起こると自分自身につぶやいていると、おそらくそのとおりの結果になる。

自分で意識はしていなくても、人それぞれに取りがちな構え方がいくつかある。慌ただしい日になるという構え方を例に取ろう。あなたの脳は、その構え方を認知して見事に反応する。あなたの注意を「慌ただしい」ということの証拠だけに振り向けるのだ。それ以外はすべて焦点から外し、その証拠だけに光を当てる。このような脳の働きで、あなたの筋肉と体勢は慌ただしさにつながる緊張状態になる。

この状態で、慌ただしさから抜け出す道筋を考えたり、解決策を見つけたりするのは難しい。落ち着いた状態でいることはもとより、そもそも落ち着くことさえ困難になる。実際には慌ただしい状況ではなくても、あなた自身がそうしてしまう。アドレナリンが出た状態に見合う何か、あるいは誰かを磁石のように見つけ出すことになるからだ。

自分で気づいていようがいまいが、あなたのすべての構え方に同じことがあてはまる。どんな構え方でも、それに見合う状況や人、出来事をあなた自身が呼び込むのだ。なんとすごいパワーがあることか。

自分の構え方に気づいてほしい。構え方を変えれば、1日をより良くすることもできる。自分自身の縛りが解かれ、自由な選択ができるようになるからだ。構えが固まるのは朝起きた後や休憩時間、会議中、職場から家へ向かう間が多い。

構えが固まるプロセスに意識を向け、自分自身で構え方を決めるようにする。外部的な要因に影響されることはあっても、自分の構え方によって、その日1日に望ましい効果をもたらすことができる。意識的に構え方を選ぶようにすることで、これまでのような悪循環にはまらず、自分の支えになる物事や人、状況を呼び込めるようになる。

# 05 言葉

「不注意な行動、言葉の間違い、思考の乱れを避けよ」
――マルクス・アウレリウス（121－180年）

「言いたいことがあったら、できるかぎり明確に言う。これが表現の唯一の秘訣だ」
――マシュー・アーノルド（1822－1888年）

人間にとって言葉は最大の授かり物にして最大の呪いでもある、という表現を聞いたことがある。コーチングの仕事を通じて、私はその両面を実体験している。あなたが選ぶ言葉（時として無意識的、習慣的に）は、今のあなたの思いを映し出すと同時に、その言葉を聞く周りの人たち、さらには当のあなたのこれからの考えにも大きな影響を及ぼす。

脳科学は、一定の予測可能な形で思考が気分に影響を及ぼすことを解明している。そして、それが行動に直接的な影響を及ぼして結果を左右し、したがって自分が身を置く次の状況が変わる。考えを声に出して言うと、その影響は倍加する。何よりも重要な点として、あなたの言葉に最も影響を受けるのは、ほかならぬあなた自身だ。

### あなたが口癖のように言っていることは？

### あなたの癖になっている言い方は？

私自身の最近の経験で、自分が置かれた状況を手の施しようがない混乱状態と受け止めたことがあった。すると知らぬ間に、自分の頭の中もそれと同じ状態になっていた。たちまち気分が悪くなり、その状態から抜け出す方法を「考える」ことができなくなってしまった。

私は自分との対話に使う言葉を変えた。といっても、うそ偽りを言うのではなく、もっと言葉を選ぶようにした。そして、困難な状況を乗り切る自分の能力や、いつでも頼れそうなものを自分自身に思い起こさせた。すると、思考のパターンが徐々に変わっていった。圧倒されているという感覚は消えて、もっと前向きな言葉を選べるようになり、困難な状況がもう困難ではなくなっていた。

自分が使う言葉を意識してほしい。あなたが使っている言葉は、自分が身を置きたいと思う状況を表しているだろうか。自分が避けたい状況に、自分自身を近づけることになっていないだろうか。言葉を選ぶのは、あなた自身だ。そして、それを聞いている人たちのことも忘れないでほしい。まさに「Word Up!」（「そのとおり」と「言葉を高める」の両意）なのだ。

元の言葉に戻りそうな自分に気づいたら、次のような方法で自分の言葉を高めるようにしてほしい。今日から、次の3つのうちの1つ、あるいは3つのすべてを始めよう。あなたの脳の中の言葉が変わるようになる。

**今日：**次の24時間、誰にもいっさい愚痴をこぼさないようにする。それを守れなかったら、また初めから24時間をやり直す。私がこれを初めてやったときには、できるまで9日かかった。

しかし、続けていくうちに不平を言う癖がほとんどなくなり、今では自分が関わるすべてのこと（そして、それに対する自分の反応）に責任をもてるようになった。この方法を繰り返していくうちに、1回で24時間通せる状態に近づいていく。

**今週：**来週のために、他人の噂話はいっさいせず、また誰からも人の噂話を聞かないようにする。

あなたに噂話をしようとする人がいたら、この方法のことを説明して、やめてほしいと言うこともできるし、黙って立ち去ることもできる。人の話をすることは対話のなかでエネルギーの浪費度が最も高く、話す方も聞く方も疲労感だけが残る結果になりやすい。これもまた、言葉を高めることの必要性を示す証拠の1つだ。

**今月：**来月のために、家族や親しい友人、職場の同僚の批判をいっさい控える。もちろん、相手に振る舞い方を変えてほしいと言うのはかまわない。ただし、それが隠れた批判でなく本物の要望であることを、自分自身に正直になって確かめてからにする。ひと月が過ぎる前に誰かを批判してしまったら、また最初からやり直す。

この3つの方法はどれも、自分の考え方の根本と言葉の使い方に働きかけ、その両方を恒久的に変えることに役立つ。ここまでの内容をより深く理解するために、自分が行動する前にまず、職場の同僚たちを何日か観察し、それぞれの考え方や問題意識を表す口癖に注意してみてほしい。そこから、どんな先入観や考え方がうかがえるだろうか。

# 06 いつ？

「昨日は去った。明日はまだ来ていない。私たちには今日しかない。さあ、始めよう」

——マザー・テレサ（1910−1997年）

ケイト・ダフィーは、コーチングで「今でなかったら、いつ？」とよく言う。私たちのほとんどにとって、そしてほとんどの場合、「始める」ことが大きな困難になっているのだ。問題を放置したまま、それを解決したり変えたりするための完璧な（しかし漠然とした）タイミングや状況、条件、アイデアがそろうのを待ち続けていないだろうか。差し迫ったことではないからといって、意思はあっても行動せずに「理想的」な時機が来るのを待っていないだろうか。

あなたの仕事や私生活は、なんらかの形で引き止められている。幸福や喜び、充実した人生は、いつになったら訪れるのか。あなたは「いつか」が来るまで、自分をフルに開花させることを止めてしまっていないだろうか。

「時機」という言葉は、くせ者だ。いつかはわからないが将来のある時点で解決されるという前提で、現状に甘んじることを可能にしてしまう。問題が頭の中の「保留」トレイに入ったままになり、あなたを毎日悩ませて離れない。自分の目標に向かって行動することを妨げる目に見えない言い訳になってしまう。

「今でなかったら、いつ？」というケイトの問いかけは、あなたが止まったままになっているすべての事柄にあてはまる。といっても、今すぐすべての事柄について、行動を始めなければならないというのではない。

自分を止めてしまっているものに目を向け、今すぐ行動する必要がある重要な事柄かどうかを見極めるのだ。そもそも取るに足らない問題で、切り捨ててしまっていいということになるかもしれない。切り捨てるわけにも、今すぐ手を付けるわけにもいかないという場合には、優先順位を下げておくことにして、次に見直しをするときまで口に出さないようにする。

私自身、暗い雲に覆われたように感じられる状態になることが時にある。そうなったことに気づいたら、すぐに自分の考え方を変えるための行動を取る。自分が置かれた状況について考えるための問いを、自分自身にぶつけてみる。頭の中で答えを考えるだけでなく、紙に書き出してみる。あるいは誰かに質問してもらい、答えを声に出して言ってみるようにしよう。

●何が心に引っかかっているか。
●何を先延ばしにしているか。今は無理なように思えているのは何か。
●自分は何を待っているのか。
●それなりの原因や理由はあっても、方向を変えるために今日できることは何か。
●「いつか」が「今」になったら、どんな気分になりそうか。

すぐに始めて、変化を生み出そう。今でなかったら、いつなのか。

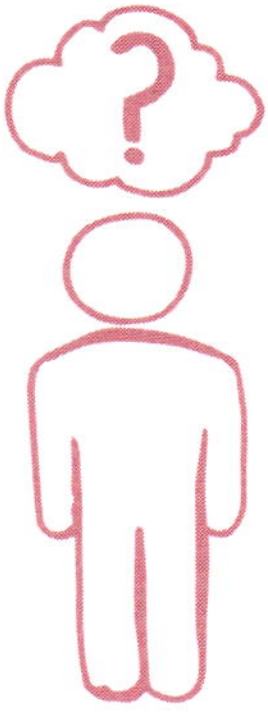

# 07 再起動

「1日を終わらせ、区切りを付けよう。できることはした。
むろん、間違いやばかげたこともあっただろうが、なるべく早く忘れよう。
明日は新たな1日だ。その1日をうまく穏やかに、
過去の自分のばかげた考えに邪魔されない意気込みで始めよう」

——ラルフ・ワルド・エマーソン（1803-1882年）

たいていの人は1日中、仕事や私生活で解決すべき問題について頭の中で考え続けている。そうした問題が多いほど、エネルギーを奪われて力や知恵が働きにくくなり、疲労感にとらわれてしまうことになる。

あらゆる書類や未読メール、長引く仕事、終わらない会話に頭の「メモリ」を食われ、脳の記憶力が落ちていく。それが限界に達すると、数々の変化が起こる。

心身の状態に変化が生じ、その日の出来事に対する反応が軽はずみで大げさになる。いらいらしたり、押しつぶされそうな気分になったりするが、その原因がわからない。肉体的な疲れも感じるかもしれない。気持ちのせいで、何をしても、やるべきことが進まないように感じられる。つまり、行き詰まり感だ。

1つの仕事を片付けるという目的意識をもって行動すると、もっと力が出る状態を取り戻すことができ、自分が置かれた状況もはっきり認識できるようになる。つまり、客観的に自分自身を捉えられるようになる。

これですべての懸案が片付くようになるとは限らないが、重要なのは、現代の多忙な生活の中では懸案をすべて片付ける必要などないという点だ。つまり、必死になって片っ端から懸案を片付けようとするのではなく、合理的な行動を取るように姿勢を変えるということだ。

ここで使えるテクニックは、パソコンで「Ctrl」「Alt」「Del」のキーを押してプロセスの状態を確認するのと似ている（別項の「44：『Ctrl-Alt-Del』」で詳しく取り上げる）。必要のないプログラムが開かれたままになっているのは、よくあることだ。同じことが、頭の中に浮かんでいることにもあてはまる。

自分が頭の中で考えていることを見つめ直し、大事なことに集中力を傾ける。この「再起動」によって態勢が整い、その状態からやり直すことができる。少なくとも毎年一度、大きな再起動をすることをお勧めする。私は次の5段階で再起動をしている。

**思考の棚卸し：**じっと座ったまま数分間、自分の頭の中にあることを紙に書き出す。これで、考えていることのすべてが紙の上に出るかもしれない。その事柄のすべてに手を付けなければならないというわけではない。ただ紙の上に出すだけでも、気持ちが軽くなることがある。

**仕事スペースの整理：**デスクの上には、急ぎのものも急ぎでないものも、重要なものも重要でないものも散らかっている。心を鬼にして、すべての書類を片付ける。捨てるもの、ファイルするもの、明日やるもの、今週やるものを瞬間的な判断で分けていく（それ以上に考え込まないこと）。

**メールの処分：**忙しい時期には着信メールがたまり、決定や協力、アドバイスなどの対応に追われることになる。ここでも、心を鬼にしてメールを片付けていく。手早く済ませること。直感的な判断力（ふだんは使われないことが多い）を研ぎ澄ませよう。

**待たせている相手：**あなたに何かを期待して、あるいは何かの貸しがあって、あなたを待っているのは誰だろうか。次の1週間で、思い当たる人をすべて挙げてみる。まだ済ませていないお礼をすることなども含まれる。相当時間が経ってしまっているものもあるかもしれないが、それを済ませることで気持ちが一気に軽くなることもある。

**待っている相手：**相手に何かを期待して、あるいは貸しがあって、あなたが待っているのは誰だろうか。これは、あなたの側がコントロールできることではないが、自分自身の考え方を改めることで、無用ないら立ちなどを減らせる。期待を捨て、もう切り捨ててしまおう。相手からお礼があったら、それはおまけということになる。

再起動によって、自分を強い状態に高めるようにしよう。

# 08

# 「メールの竜」を退治する

「自分の問題を周りのせいにするのはやめて、
自分の意思、つまり自分自身の責任で行動することを覚えなければならない」
――アルベルト・シュバイツァー（1875-1965年）

メールの過多が広がっている。コミュニケーションのための機器や方法がさらに増えるにつれ、私たちがメールに使える時間は減っていく。手に余る量のメールが私たちの心身に及ぼす影響は不断に続く。着信メールの扱い方は、あなたの仕事の能率とストレスの水準、コミュニケーションの効率に大きく影響する。

うなりを上げる「メールの竜」を退治する方法を紹介しよう。必ずしも実行をお勧めするわけではなく、まず考えてみてほしいという意味合いだ。あなたの職場の行動ルールなどから外れてしまうものもあるかもしれないからだ。あなたに役立ちそうなものを考えてみてほしい。

次の10のアドバイスには、単純な常識的方法は含まれていない。たとえば着信通知をオフにするとか、相手にメールを減らすよう頼む、ジャンクメールのフィルターを使う、メールの文章を短くするといった方法だ。こうした方法はもう使っているものとして、説明していこう。

**1.「全員に返信」を使わないようにする。本当に全員があなたの返信を読む必要があるのでないかぎり、送信者だけに短いメールを返す。のけ者にされたと思う人も出てくるので、理由を説明して謝れるようにしておく。**

**2.件名を具体的に書く。相手がメールを開けずに削除する場合でも、件名だけは必ず見る。件名をより明確に、具体的でパンチがあるものにする。伝えたいことを件名で示そう。件名に「EOM」（End of Message＝メッセージは以上）と入れて、要件はこれだけだと伝えることもできる。**

**3.メールを受けたら、すぐに対応するのが基本。1週間経っても対応していなかったり、さらにはメールを開けてもいなかったというような場合には、もう削除しよう。**

4. メールの処理は一定の時間だけにする。メールも量が多くなると、処理に驚くほど集中力を奪われてしまう。大事な集中力を軽々しく使わないようにしよう。

5. メールの種別でふるい分けるソフトを使う。あなたの会社やネットワーク内で、あるいはインターネット上で、いくつかのタイプを試すことができるはずだ。

6. 受信トレイを毎日、空にする。処理するかフォルダーに入れる、「1週間待ち」という新しいフォルダーに入れる、あるいは削除する。

7. 別のメールアドレスをつくる。プライベートと仕事のメールを分ける。仕事用に複数のアドレスをもつ手もある（たとえば顧客用、社内用、その他の3つというように）。

8. 出すメールを減らす。メールを送る目的、つまりどんな効果が見込めるのかを考えてみる。多くの会社で、最も効果的な方法であるかどうかにかかわらず、習慣的にメールが使われている。

**9.** **すべてのメールに返信する必要はない（たとえば「ありがとう」や「了解」など）。職場の同僚はメールの多さを知っているので、そうした丁寧な返信はほとんど期待せず、むしろ望んでいないかもしれない。どうしても気が済まないという場合には、相手に直接言えばいい。**

**10.** **3カ月以上、メールを読んでいない相手はメーリングリストから外す。未開封のメールをため込むのはやめよう。そうしたメールは受信トレイだけでなく、あなたの頭の片隅にもたまってしまうことになる。また必要な状況になったら、リストに加えることにすればいい。**

それでも竜を退治できなければ――

**11.** **メールを全部削除する。これは極端なケースでの極端な方法で、リスクを見極めたうえで行うようにする。重要なメールなら、また送られてくるはずだ。**

同僚などの関係者に自分の意図を伝えることを、忘れないようにしよう。また、それで変人のように思われても驚かないように。SNS（ツイッター、フェイスブック、リンクトイン、フリッカー、インスタグラム、スナップチャット、ワッツアップなどなど）は、私たちのコミュニケーションのあり方を変えている。人々が好むコミュニケーション手段として、これからメールは徐々に順位が下がっていき、郵便の手紙や紙の文書のような「古い方法」に仲間入りすることになるだろう。したがって、「メールの竜」をそのまま放っておいても、それが吐き出す炎はやがて弱まっていくことになる。そして、あなたとメールの関係も弱まっていくことになる。

# 09 自分自身の「CIA」

「虹を見たけりゃ、雨は我慢しなきゃ」――ジミー・デュランテ（1893-1980年）

物事が計画どおりに進まないとき、あなたは自分の姿勢を変えたり、さらには行動の仕方も変えたりするだろうか。自分が直接的な影響を受け、自分の選択肢が狭まることになるような決定が下されるときには？　あるいは、想定外の不利な状況に見舞われたときには？

このような状況にどう反応するかによって、その後の数分間、あるいは数時間、さらに状況がひどいときには数日間、あなたの行動の仕方が変わることになる。そして驚くまでもなく、そうした望ましくない状態は悪循環を生み出す。これでは明らかに、自分のベストな状態、最も生産的でパワフルな状態になることはできない。それどころか、仕事をする喜びがなくなってしまう。要するに、こんな状態になってはいけないのだ。

「あなたには選択の余地がある」というアドバイスは、あまりにありきたりに思えるかもしれない。

しかし、実際にそのとおりなのだ。そんなときに役立つシンプルな思考のプロセスについて説明しよう。

私は長い間、「抵抗」の対極にある「受容」についてクライアントに力添えをしてきた。抵抗が摩擦や問題を引き起こすのに対し、受容は思考と行動の能力をフルに発揮できる状態をもたらすのだ。コーチングの大家であるショーン・ウィーファーが提唱した「C－I－A」が役立つ。これは、あなたを苦痛や抵抗、我慢から抜け出させ、もっとパワフルな受容という状態に移すための自問のプロセスだ。

**コントロール（Control）：**この状況は自分でコントロールできるものなのか。できるとすれば、どのような形で？　できないのなら、次の問いに進む。

**影響（Influence）：**この状況の中で、自分が影響力を及ぼせるものはあるか。誰かと話をしたり、情報を送ったり、この状況から受ける影響を変えたりできるか。できるのなら、すぐにそれを行動に移す。できなければ、次の問いに進む。

**とりあえず受け入れる（Accept it, for now）：**これは屈するということではない。とりあえずは、何であろうと受け入れておくという考え方だ。そこから、何か別のことに取りかかったり、成り行きに任せたり、状況を見極めたり……といった選択ができるようになる。

私自身、状況が思わしくなかったり、対人関係や会議などで問題が起こったりすると、このCIAをよく使っている。そうすることで、身体的な緊張を感じる時間がずっと少なくなる。つまり、より健全で生産的な状態だ。そのぶんエネルギーの消費が減り、疲労感や気分の落ち込みを防ぐことができる。

あなたも、今週から自分のCIAを使ってほしい。自問を何度も重ねてみよう。同僚と一緒にやるのもいい。相手に質問をしてもらい、自分が答えるようにする。自分の力を取り戻し、問題を周りのせいにしてばかりいる人間にならないようにしよう！

# 10 ダッシュする

「自分に求められているものが何なのかがわかったら、
それに全力を尽くして取り組むべきだ」
――マーチン・ルーサー・キング・ジュニア（1929-1968年）

私たちは、ふくらむ一方の「やることリスト」を抱えている。そのせいで遅れや達成の不足を感じたり、目先のことに追われて大事なことをしていないと考えたりする。

このような状況は、大きな疑問につながりうる。そうした細々とした仕事の目的と方向性、そして意味についてだ。この問いについて考えられる段階にたどり着くためには、まず勢いをつけることが必要になる。

少し前のことだが、私はシーザーの伝記に刺激を受けた。そのやり方と政治的野心には問題もあったにせよ、シーザーの功績の多さには驚かざるを得ない。シーザーは「ケレリタス（celeritas）」

として知られた。ラテン語で「スピード」「速さ」を意味する。シーザーの電光石火の動きに、敵は何度も完全に不意を突かれた。

その半面、シーザーは衝動的な行動や軽率な行動で自分を窮地に陥らせることもあった。しかし、そうした窮地から抜け出すことにかけても、シーザーの右に出る者はいなかった。それもまた、持ち前のスピードと能率のたまものだった。

あなたも、この「ケレリタス」の原理を生活に生かすことができる。ただし、そのためにはまず、ある程度の期間にわたって行動を速める練習をする必要がある。行動を速くすることで、驚くほど大きな効果が生まれる。ぐずぐずする時間をなくせば、「あとでやろう」とか「やりたくない」などと考えていられなくなる。行動あるのみになるのだ。

最初は短い時間で試してほしい。私の場合、30分が「ケレリタス」の最適時間であるようだ。タイマーをセットし、その時間内にできることをすべてやる。次にやることを考えるのに時間を使わず、とにかく手当たりしだいに片付けていく。

メールの送信（あるいは削除）、デスクの整理、皿洗い機の食器の片付け、人に会う約束の連絡……。片っ端から済ませていく。事の大小や緊急度、重要性などはまったく考えない。

短時間でこなせる仕事の量に驚くことだろう。また、すばやく行動することで疲れを感じるよりも、むしろ活力が大きく高まることにも驚くかもしれない。こうして勢いがつけば、ほぼ必ず、もっと大きな構図が視界に入ってくる。自分の勢いを高めよう。「ケレリタス」で生産性の「筋肉」をつくり出すのだ。

# 11 一時停止

「正しい言葉は効果的かもしれないが、正しい間ほど効果的な言葉はない」
――マーク・トウェイン（1835-1910年）

全力でダッシュするという前項に対し、ここでは正反対のことを取り上げる。立ち止まることだ。多くの人と同じように、あなたも人のために時間を取られることが増え、すばやい意思決定を求められるようになっているかもしれない。しかもその一方で、集中の邪魔になる要因も増えている。簡単に言えば、誰もが忙しくなっている。1日中、スイッチをオンにして気を抜けない状況になっているのだ。

そうした状況の中で、する必要のあることは何でも手当たりしだいにやっつけるという「突進」作戦が答えにされている。そのせいで大事なことが先送りされてしまい（前項で説明した「ケレリタス」が必要になりそうだ）、心身が張りつめた状態になって、焦りから行動がおかしくなったりもする。そうなると、忙殺されているという状態になり、極端な場合には行動のつじつまが合わなくなってしまう。次のうち、あなたにあてはまる項目はいくつあるだろうか。

- 職場のデスクやその周りが、いっそう散らかった状態になっている。
- 「ダブルタスク」をしている（電話会議をしながらメールを打ったり、テレビを見ながらテキストメッセージを送ったりするなど）。
- どこでも寸暇を惜しんで仕事をこなしている（トイレの中でも）。
- 少しでも空き時間ができると、メールなどの連絡がないか確認するために携帯電話やタブレット端末、ノートパソコンをチェックする。
- 会議や会話に時間を取られるのが嫌で、前置きや関係のない話をしないで、すぐに本題に入りたくなる。

- 職場の同僚のデスクの周りを片付けたりする（またはそれと同じような、自分がやるべきこととは無関係なことをしたりする）。
- 込み入った内容のメールを受けると、対応するまでに何度も読み返す（一度で情報が頭に入らない）。
- 食事の時間が取れなかったり、切り詰めたりする。
- 仕事に対する集中力が落ちた（集中力が長続きしない）。
- 静かなときにはラジオや音楽をかけたり、メールや電話をしたりする（静けさや暇な時間は居心地が悪い）。
- 自分がコントロールできない状況に置かれると、とてもいら立つ（たとえば交通渋滞、それも特に通信圏外の場所で巻き込まれるなど)。

● **とても疲れていて、夕食後などにテレビを見ながら眠ってしまう。**

個々のレベルでは、おそらく問題はないはずで、むしろ忙しいなかで生産性を上げようとする努力の副産物という場合もあるかもしれない。しかし、3つ以上が頻繁に重なったり、それがふつうになっていたりすれば、対処する必要がある。

いくつかあてはまるという人は、それが自分にどんな影響を与えているか、考えてみてほしい。そうした状態が、どんな影響を引き起こしているか。何かが変わるのを待っていないか。すぐに自分が行動を取るべきではないか。実際、それはあなたが**一時停止**するべき時かもしれない。

エネルギーを使い続ける状態を一時停止させ、自分自身に目的意識をもたせて状況を少し高い位置から見渡してみる。そして、新たな心構えで臨めるようにする。ほんの何分間かでできることだろう。

5分間の一時停止でも、とても大きな効果がある。そしてさらに、前掲のリストの中で自分があてはまると思った項目のそれぞれについて、3分間ずつ考えてみてほしい。早く「やる気」モードに戻ろうとする気持ちが働くので、最初は難しいかもしれない。だが、休止を続けてほしい。それに値する効果が生まれる方法だ。次のことを試してほしい。

**1. 何にも邪魔されず、きれいに片付いている場所で、静かに椅子に座る。そうした場所がなければ、それをつくることが最初の仕事になる。**

**2. 自分の体の張りつめている部分（首、肩、顔など）に意識を向け、それを解きほぐすようにする。自分自身に声をかけ（緊張をほどく意思を言葉にして口に出す）、筋肉の緊張がほぐれるのを実感する。**

**3. 深呼吸をゆっくり6〜10回する。これでリラックスが早まる。**

**4. 活動に戻ることに気がはやるようになったら、「よし、そろそろ行こう」と（自分自身と）折り合いをつける。**

こうして準備ができたら、また「プレイ」ボタンを押せばいい。

# 12 仕事スペースの片付け

「山を動かす人は、まず小石を動かすことから始める」

――中国のことわざ

デスクの上などが散らかってしまうのは、忙しすぎたり、自分で仕事を整理できない状況になったりしたとき、またはその両方になり始めたときに表れやすい兆候だ。実は、これはどれも本質的には同じことなのだ。

仕事のスペースには頭の中の状態が表れると、よく言われる。実際、多くの人にあてはまる。あたかもその証拠であるかのように、逆もまた真になりうる。

きれいに片付いたデスクで仕事をすれば、創造的、生産的になりやすい。そんなことはないと言う人は、否認の状態にある。散らかっていても生産的になれるという意味の否認ではなく、乱雑とは反対の環境に身を置けば、今よりもずっと大きな能力を発揮できるということを否認しているのだ。

1983年のこと。ヨーロッパの若者のための「ワーク・エクスペリエンス・ウィーク」（職場体験週間）で、私はロンドンの西にあるナショナル・パナソニックで職場体験をした。その時に会社の視察に来た経営幹部らは、社員のデスクの上には1つの書類と1本のペンだけという状態を求めていた。その状態で仕事に励む社員の姿しか見たくない、というのだった。

今の職場では、これはいささか理想主義的、あるいは極端すぎるかもしれないが、大事な課題であることに変わりはない。あなたには次のことをお勧めしたい。

この24時間に触らなかった物は、すべてデスクの上から片付けること。その上で、「33：33：33」の処分をしてほしい。私自身の経験でも、この方法はいつも役立っている。すべての紙の書類やメール、メッセージにあてはまる方法だ。

**33％＝とっておく：**つまり重要な物だ（たとえば書類の原本など）。近いうちに手を加えたり再読したり、何かに使ったりすることになる。

**33％＝捨てる：**これは、とっておきすぎた物だ。たとえば、もう読むこともない古い資料など。これは処分しよう。放っておいたまま「お願い」の期限が過ぎてしまった要望書なども含まれる。

**33％＝未決：**右のどちらにもあてはまらない物。まとめて段ボール箱に詰め、友人か近所の知人に預け、２週間以内に取りにいかなかったら処分してもらうことにする。

２つのシンプルなステップで、全体の３分の２が片付いてしまうことになる。その間に、自分のデスクの周辺をゆっくり見回してほしい。何が見えるだろうか。今、自分のデスクでこの原稿を書いている私には、カーペットの隅が少しめくれているのとプリンターのカートリッジの箱、何十本ものペン、まったく使っていない椅子が目に入っている。こうしたものを片付けるのだ——今すぐに。一新した仕事スペースの快適さを味わってほしい。

# 13 ダブルタスキング

「やるか、やらないかだ。やってみるというのはない」
——ヨーダ（映画『スター・ウォーズ』シリーズの登場人物。「エンドアの戦い」の直前、900歳で死去）

2つかそれ以上のことを同時にこなそうとすること、つまりダブルタスキングは、生産性のエンジンに無理がかかって圧迫された状態になっている証拠だ。忙しい日には、電話会議をしながらメールを書いたり、会議の最中に次の会議のためにかんがえをまとめたり、2つの書類を同時並行で作成したり、メモを書きながら夜の予定を考えたり……といったことが起こる。

脳科学の研究から、人間がほんとうに能力を発揮できるのは、1つのことに集中した場合であることが示されている（しかも男女差はない）。複数のことに注意を振り分けることもできそうに思えても、潜在的な能力までフルに解き放つ無意識的な力が働かなくなってしまう。

人間は表層意識の下で、さまざまなことを感じ取っている。自分の周りの環境、音、景色、感覚、においい、味などだ。このようなすばらしい知覚によって、その時々の状況をつかむ能力が研ぎ澄まされる。さらに加えて、驚くべき力をもつ脳が、そうした知覚のデータに合致するファイルや情報を取り出す。しかも同時に、直感的に創造する意識下の能力も働く。

このような回路をふさいでしまうと、ミスをしたり、能率が落ちたりすることになる。メッセージのニュアンスを読み取れなかったり、不覚を取ったり、コミュニケーション（感じ取ること、聞くこと、話すこと）の能力が低下したりする。次の3段階のステップを試してみてほしい。

**ステップ1：**ダブルタスキングをやめる。端的に、やる価値がない。自分のベストな状態になれず、絶対に生産性の向上という結果になることはない。

**ステップ2：**自分がダブルタスキングをしていることに気づいた場合には、自分自身を笑う。自分を責めるよりも、はるかに前向きな出発点になる。そして、どちらの仕事を先にするかを決める。もう一方の仕事は手放し、すぐに集中して取りかかる。

**ステップ3：**ダブルタスキングの衝動に駆られるのは、一時停止するべきであることを示すサインだ。5分間休憩を取り、「11．一時停止」の手順を踏んでから、また仕事に戻る。次の2時間か3時間の予定を見て、もう一方の仕事を片付けるのに必要な時間を削り出す。

ダブルタスキングによって2倍の力が発揮されることはなく、おそらくは半々に振り分けられるだけのことだ。

1つの仕事に集中することのゆとりと解放感を楽しもう。ベストな状態になれば、信じられないくらいの力を発揮できる。ベストな状態になることをできるだけ増やし、仕事は一度に1つというステップで進めていこう。

# 14 スマホの時

「我々の疑念は反逆者だ。
挑戦を恐れさせ、勝てるはずのことに負けてしまうという結果になる」
——ウィリアム・シェイクスピア（1564-1616年）

暇ができればスマートフォン（iPhone、PDA、タブレット端末、携帯電話など）をチェックするという状態になると、圧倒されそうな感覚にとらわれてしまう。

現在のモバイル技術は、私たちが常に同僚や顧客、友人、情報源、ニュース、データとつながっている「常時オン」さながらの状態にあることを意味している。すべてが1日24時間、オンの状態なのだ。これは良いことでも悪いことでもなく、あくまでも「1つのこと」にすぎない。

頭の中が「ひどく忙しい」という思い込みに染まると、忙しさが途切れるたびにスマートフォンや携帯端末を見るのが癖のようになってしまう。時間をムダにしていないと自分自身に思い込ませているわけだ。ほとんどお笑い草だが、私もその状態になって、数分ごとに自動更新するようになっているのに携帯電話のアプリやメールを更新したりする。つかの間の静けさを楽しまずに、新しい情報をせっついているわけだ。

多くの人にとって、これは生産性の妨げになる（あるいは、すでに妨げになっている）。この常時接続さながらの状態を良いことと思い込んでしまっているのだ。だが、実際には自分と「断絶」した状態、つまり行動の動機づけが自分の中からでなく、外から来るようになってしまっている。あなたのスマホは、あなたの一部分ではないのだ。

「8．『メールの竜』を退治する」の中で、メールの達人になる10の秘訣を紹介した。この秘訣は、ほんとうに変革の支えになる。簡単に言うと、私たちはすべてのメールを緊急の要件、つまり電話がかかってきたかのように（すぐに返答を求められているかのように）扱っている。こうしてメールに追いまくられる状態になり、重要なことをする時間、さらには重要なことを見分ける余裕すらなくなってしまうのだ。

一時停止することが必要だ。あなたが積極的に関与することなしに状況が変わることはない。当たり前のように聞こえるが、端的にそのとおりなのだ。何かを変えることには違和感がつきまとう。スマホなどを頻繁にチェックするという身についた癖を改めようとしても、元の癖に引き戻そうとする力が働く。これは、あなたが自分の意思でしていることでも、するべきことでもなく、ただの癖なのだということをわきまえよう。自分を強くしよう。次のような方法を考えてみてほしい。

●ダウンロードの間隔を今の4倍に延ばすようにする。私の場合は15分から1時間にすることで、自分に染みついていた癖の無意味さがよくわかった。1時間が経つ前にスマホに手が伸びると、私はそのたびに自分自身を笑うことにした。そして、そうしているうちに新しい習慣が身についた。

●24時間、スマホをどこかにしまって触らないようにする（簡単そうに聞こえるかもしれないが、ほんとうにやってみてほしい）。これは癖を断つ強力な方法だが、24時間にわたって苦しみを感じることになる。

●TLA（テクノロジー・リベレーション・オルタネーター）を試す。これは、1時間ごとに常時接続と非接続を交互に繰り返すという方法だ。メリハリがつき、それぞれの状態で能率が高まることになる。

●会議や課題に取り組むときなどには、スマホなどをオフにして、その1つのことだけに集中する。音量を下げるだけでなく、完全にオフにすること。そして仕事を済ませたら、またオンにしてコミュニケーションのツールとして活用する。

自分を強くして、それを貫こう。

# 15 自分の「常態」をリセットする

「どんな状況になろうとも、人間には選択の自由が1つ残される。
それは、自分のやり方の選択だ」

——ヴィクトール・フランクル（1905－1997年）

私たちは毎日、どれくらいの数の事柄を考えているのかについては、多数の研究がなされている（だいたい6000ほどだそうだ）。そして、その大部分は前の日と同じ事柄だという。つまり、私たちはそれだけ変わりにくいということだ。だが、少し集中すれば、それよりも早く変われることになる。

私自身が自分を高めるためにコーチングを受けた際、その一部分は自分自身の考え方に向けられた。特に、物事を流れのままに受け入れるという受け身の姿勢から、意識的、主体的に選択する姿勢に変わることだった。それがその後の考え方に影響し、最終的に結果を左右するようになる。

その過程で私が気づいた――あるいは、むしろ思い出した――のは、前向きの変化や成長、矯正について考えるうえで、その日の最初の何時間かが残りの時間よりもはるかに重要な意味をもつということだ。

朝起きてから最初に人に会うまでの時間、あなたの頭の中には、いろいろな考えが浮かんでいる。このパターン化された思考は、たいてい次の3つから生まれている。

- **昨日の出来事**
- **今日の見通し**
- **日々の状況に対する定型的な受け止め方（「時間が足りない」「やることが多すぎる」「朝は頭が働かない」などなど）**

このような頭の中の思いが、あなたの「常態」をつくり出し、考え方に影響を及ぼしている。つまり、考えの出発点だ。思考はそこからしか始まらないが、その出発点に問題がある場合もある。

それを高めるには相当な努力と、かなりの運も必要だ。したがって、変化はゆっくりしたものになる。あなたの常態は、どんなだろうか。自分の成長を助けるものか、それとも自分を現状にとどめてしまうものか。

ここで朗報として、自分の常態は変えることができる。毎日を、そのリセットから始めるのだ。たとえば歯磨きの最中やその後など、毎日同じ時間にリセットするようにする。大それた願望ではなく、自分が信じられることについて考えることが重要だ。

たとえば、「今日は使える時間を有効に使おう」「今日は1日、いろいろなものが利用できる」などというように。自分にとって、いちばんしっくりくる言葉を選ぼう。朝の思考を変えて、その日にもっと強い意思をもつことが、成果を上げられるかどうか、成長できるかどうか、リラックスできるかストレスを感じるかの分かれ目になる。

# 16 時間と空間

「止まりさえしなければ、どんなにゆっくりでも進めばよい」

――孔子（紀元前551－前479年）

時間は貴重だ。私たちは頻繁に時間について口にしている。時間を見つけろ、時間を節約しろ、時間が足りない、もう時間だ……。私たちは時間に取りつかれていると言えるかもしれない。その時間を私はうかつにも、仕事などを終わらせるためのプレッシャーの道具として使っていた。ぎりぎりになるまで放っておき、時間が迫って体の状態が変わるようになってようやく取りかかる。つまり、私を行動に駆り立てるのは時間だけだと思い込んでいた。

このような「時間依存」は数々の形で表れる。この依存状態になると、時間管理のプログラムを受講してもほとんど、あるいはまったく効果は得られない。自分が時間に管理されている状態だからだ。あなたにも思い当たる節はないだろうか。

**時計ばかり見る：**自分の時間の感覚が信じられず、時計や腕時計を見たり、スマホを時間の確認に使ったりする。常に緊張を感じ、じっとしていられない状態であることが多い。きわめてエネルギーを浪費する。

**予定の隙間を埋める：**予定表の隙間を見つけては、それを会議で埋めようとする。もっとひどくなると、今やっていること（会議やメールのチェック、文書の作成など）を引き延ばして、予定の隙間を埋めるようになる。

**せっかちになる：**スムーズな動きではなく、取り乱していら立ったようにバタバタと動くようになる（あまりに多くのことを一度にしようとしている場合に多い）。

**注意力の低下：**頭の中で2つのことを同時に考え、1つの仕事が終わらないうちに次の仕事に取りかかろうとする状態。前進を実感できず、コミュニケーションや相手との関係で細かい部分に気が回らなくなったりしてしまう。

**関与を避ける：**会議や研修、セミナーに参加するなんてとんでもない、「そんな時間がどこにある」と思ってしまう状態。細々とした雑事（自分では重要だと思っている）にとらわれ、楽しい機会や自分を高める機会を図らずも逃してしまっている。

私は長年のコーチングの仕事で、このようなパターンに陥ってしまっている多くの企業経営者に接し、さまざまな時間管理の訓練プログラムを提供してきた。そのすべてを通じて、問題は時間にあるのではないということを確認している。

問題はもっと深いところにあるのだが、私は時間と空間の間に直接的な関係があることに気づいた。ここでは「ドクター・フー」（イギリスのSFテレビドラマ）のターディス（次元超越時空移動装置）ではなく、もっと実用的な方法を紹介する。

あなたがいる空間は、あなたの時間との関係に直接的に結びついている。その一方を変えれば、必然的にもう一方も変わることになる。ここでは、空間をつくり出すこと（こちらのほうが簡単な場合が多い）について触れたい。

**予定表の中：**単純に空白部分をつくり、そのまま埋めないでおく。

**職場スペースの中：**デスクの上を片付ける。引き出しを空にする。打ち合わせに使うスペースなどを片付ける。

**心の中：**仕事を片付ける（実際にできない場合には頭の中で）。10分間、静かにじっと座ったままでいる（「11．一時停止」などを参照）。

- どこかにスペースを見つけ、そこで少し時間を過ごす。屋外に出たり、大きすぎる部屋で会議をしたり、大部屋で1人だけで仕事をしたりする。私自身、この方法で必ず新しい結果を得ている。ぜひ、試してみてほしい。逆もまた真なりだ。狭すぎる部屋で会議をすると、雰囲気が張り詰めて会話が途切れがちになり、本題に集中しづらくなって会議が長引きやすい。
- 自分がいる空間を意識する。その空間を広げる方法を探る。閉じ込められた状態から離れるようにする。

「時間依存」を断とうとすると、どうしてもまた時計を見たくなる衝動に駆られるはずだ。だが、そのまま前に進んでいこう。その先には、うれしい結果（そして生み出されるスペース）が待っている。

# 17 前進する

「必要なのはただ、まっすぐ前に目を向け、道を見ることだ。それが見えたら、座ったまま見つめていないこと――歩くのだ」

――アイン・ランド（1905-1982年）

苦しい時期や困難な選択に出くわしながら人生の道を歩んでいくことについて、年配の人たちは、それも「天から与えられた試練だ」と言うかもしれない。長年あるいは生涯にわたって、そうした試練をくぐり抜けてきた人生の達人たちの言葉だ。だが、ただ背負ったものに耐えるだけではなく、あなたには自分の潜在的な可能性を追求して広げていく権利、そしてその機会もある。

私は、我慢する人とそうでない人の違いに気づいた。後者のほうが大きなことを成し遂げ、人生を楽しみながら自分の存在を示し、ベストな状態になりやすいのだ。

あなた自身のキャリアを振り返って、いちばん速く前進した時期、成果が大きかった時期、ほとんど努力しなくてもうまくいった時期を思い出してほしい。そして、苦しかった時期、歯を食いしばってがんばった時期、手を伸ばしても届かないという思いをしていた時期と比べてみる。

この2つの状態と、今のあなたの我慢の度合いは関係がある。今のあなたは、何に耐えているのか。何に悩みを感じているのか、あるいは何にうんざりしているのか。あなたには2つの選択肢がある。

**1. 状況を変える。**
**2. 状況に対する自分の態度を変える。**

**状況を変える：**実際に状況を変えるということだ。自分の選択肢について考え、自分自身と対話をする。問題から離れて前に進んでいくこともできる。問題を解決しようとあくせくするよりも、離れていったほうが学べることは多くなる。エネルギーの動きが変わり、生まれた空白は新しい人たちや機会、挑戦によって埋められることになる。
まだその段階にはないという人には、もう1つ選択肢がある。

**状況に対する自分の態度を変える：**問題を軽くみたり、否定したりするということではない。本当の意味で態度を変えるということだ。その状況のプラスの側面は？　自分は何を犠牲にしているか。自分が得ているものは？　学んでいることは？　さらに学ぶべきことは？　どうしたら、これを意義ある経験にすることができるか。

第3の「選択肢」もある。それは「我慢する」ことで、ほとんどの人は無意識のうちにこれを選んでいる。しかし実際には、これは選択肢にはならない。なぜなら、うまくいかないからだ。この状態になるとほとんどすぐに、自分自身の潜在能力や強さに精神的、身体的、感情的な悪影響が及ぶ。

このような問題をあまりにも多く抱え込むと、気分がいら立ち、リラックスや集中が難しくなるおそれがある。周りの人などを妬み、仕事の出来が悪くなってしまう。こんな状態で何日も、あるいは何週間もいると、もう弱ってしまうことになる。

私自身の経験でとても役立ったのは、コーチングの草分けの1人であるトマス・レナードの「トレレーション・フリー（我慢しない）」プログラムだ（coachville.com）。気分をいら立たせる要因をつぶし、生活の中で自分を疲れさせる要素をなくすための方法だ。しかし、もっと大きな決断が求められる状況になることもある。

自分が我慢している物事に気を取られすぎたり、いら立たされたり、疲れさせられたりするようになっても、選択の余地は残っている。その状況を変えるか、その状況に対する自分の考え方を変えるかだ。

「何か気に入らないことがあったら、それを変える。変えられなければ、自分の考え方を変える。不平を言うものではない」

——マヤ・アンジェロウ（詩人、公民権運動の活動家）

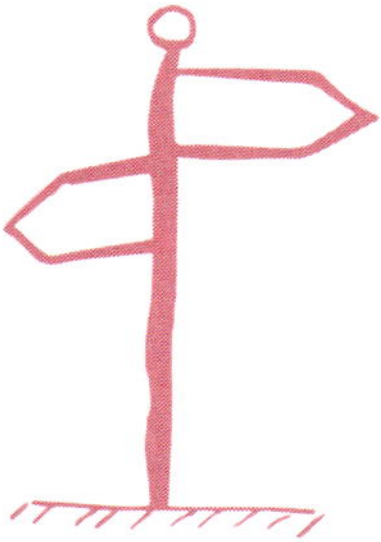

# 18 活力を高める

「やる気と根気があれば、すべて克服できる」

――ベンジャミン・フランクリン（1706-1790年）

私はこの15年間、個人やチームにコーチングをする際には、原則としてまず行動と考え方の評価を行い、クライアントに自分自身の行動と思考のパターンを理解してもらうようにしてきた。自分自身を知ることが、ひとえに最高の出発点となる。

人それぞれに気質が異なり、動機やストレス要因、その対処の仕方も異なっている。状況が厳しくなって仕事の負荷が増し、短時間で高水準の成果を期待されるようになると、体に反応が表れる。それを無視したり、何らかの形で手当てをしたり、折り合いをつけたりすることはできても、解消することはできない。

必要な活力を常にもち合わせ、なるべく多く自分のベストな状態で活動できることが望ましい。

あなたの構え方のもとになる活力は、最も強力な道具の1つだ。その活力が足りなければ弱り込んでしまう。

次の項目のなかから、自分の活力が高まることになるものを見つけてほしい。自分を弱らせてしまう逆の場合も頭に入れておこう。1つだけでなく、複数の組み合わせでもいい。

**体を動かす：**精神的、情緒的に疲れを感じていて、時間的に余裕がない場合でも、体を動かすことで活力を取り戻すことができる。走ったり、ゲームをしたり、水泳あるいは速足で歩くだけでもいい。本当はこれが必要なのに、逆に何もしないことを選んでしまう人が多い。これでは活力は戻らず、疲労がたまってしまう。

**人と交わる：**用件や時間の制限もなく、また何かを期待するわけでもなく、ただ友人や同僚ととりとめのない話をして時間を過ごす。これとは逆のことをしてしまう人が多い。独りでもっと仕事に精を出し、ひたすら突き進もうとしたり、気後れを感じるような同僚や見知らぬ人たちと交わったりして、ストレスを高めてしまうのだ。これでは活力は戻らず、疲労がたまってしまう。

**心身を落ち着かせる：**ストレスを受けないことをする。テレビ、読書、音楽など、ストレスがかからないことをして、日々の慌ただしさから離れられるようにする。ところが逆に、デスクで仕事をする時間を延ばし、ひたすら成果を上げようとしてしまう人が多い。活力は戻らず、疲労がひどくなるだけだ。

**独りになる：**独りで時間を過ごす。音楽を聴いてもいいが、静かな散歩などで慌ただしさから離れるのもいい。ところが逆に、慌ただしさの中に残って仕事を続け、ますますやるべきことが増えてしまう結果になる人が多い。これでは活力は戻らず、疲労がたまり続けてしまう。

来週までに、この4つを1つずつ試して、自分の活力がいちばん高まるものを見つけてほしい（複数でもよい）。そして、それを毎週の日常的な習慣にする。自分の考え方、優先事項と明確さの意識、リラックスする能力、創造力、仕事の能率が変わることに気づくはずだ。

# 19 「圧倒」を単純化する

「シンプルさは究極の洗練である」――レオナルド・ダビンチ（1452－1519年）

**圧倒**：何か大きな塊の下にうずめられたり、水にのみ込まれたりすること。

私たちの誰もが、何かに圧倒される経験をしている。私の場合は、水の比喩がぴったりあてはまる。仕事や考えるべき課題、決めなければならないこと、はっきりさせなければならないことの山に直面すると、私は水面下に沈んだような心理状態になってしまう。体も頭も働きが弱って、体が沈んでいく。そして、どちらを見ても、やるべきことに囲まれている。そして、それは体にまとわりついて離れない。

合併や買収ほどの大きな変化ではなくても、あなたの会社もいずれかの時点で、すべてが緊急状態になるような変化の時を迎えるはずだ。絶え間なく会議が組まれ、それに参加しなければならないあなたは、時間的な選択の余地が狭まっていく。その一方で、吸収しなければならない情報がいっそう増えていく。こうなると、「圧倒（overwhelm）されている」状態から「過負荷（overload）」に変わり、最終的に「もうおしまい（over）」という状態になってしまう。

私はコーチングのクライアントから、「圧倒」されてしまっている自分の状態を変えるのに手を貸してほしいと言われたことがある。この女性は、「もっと長く働く」という意味も効果もないやり方を変えたがっていた。この時、私のヒントになったのが辞書の定義だった。

## 1. 圧倒されているのは「水中に沈んでいる」ということ。

水中に沈んでいるというのは、酸素が足りなくなっているということだ。圧倒された状態になると呼吸が浅くなり、胸が締めつけられるようになって前かがみになる（たとえばデスクに向かって）。これでは吸気が少なくなってしまう。それが大きな生理的変化を引き起こし、生産性と自由な創造的思考力が阻害されてしまう。脳が「生存モード」になり、生き残ることに関係しない機能を停止させるからだ。

水中に沈んでしまったら、「呼吸装置」を使うことだ。時計のアラームなどを15分おきに鳴るようにセットして、そのたびに深呼吸を5〜10回する。実際にやってみれば、効果を実感できるはずだ。

水中に沈むと、自分の周りしか見えなくなってしまう。仕事の手を止め、デスクから離れて誰かと話してみよう。そして2分間ほど、自分自身の状況や朝からの仕事の進み具合、今いちばん大事な仕事は何なのか、などを考えてみる。

## 2. 圧倒されているのは「重みに押さえつけられている」ということ。

何の備えもない状態で新しい重みが加わると、それまでとは違う負荷になり、ひずみが増す。このひずみは、いちばん弱い部分に表れ、そこが「折れる」という結果にもなりうる。その重み（つまり圧倒感を引き起こしている要因）そのものは、なくなってはおらず、力が逃がされて分散するようになっただけだ。

これはつまり、とり散らかった仕事を手当りしだいに片付けようとしている状態だ。もともとの仕事の量はそれほど減らず、忙しさが目に見えて増し、疲れきって目一杯の状態になってしまう。

私は個人やチームに対するコーチングで、働く時間を増やすことなく、時には逆に減らしながら能率を高める一連の方法を実践してきた。勇気を出して、いったん立ち止まり、後ろに引き下がって状況をシンプルにするのだ。

増えた重みを支えるには柱を強くする必要がある。それには、仕事のチームメンバーを増やしたり、仕事の優先順位を見直したり、仕事量を減らしたりするだけでは不十分で、自分自身を強める行動を取らなければならない。休んで活力を取り戻したり、リラクゼーションやフィットネスのトレーニングをしたりすることも必要になる。また、強化する必要のある事柄をそれが得意なメンバーに割り振り、チーム全体でもっと広く仕事を分担することも必要になる。

圧倒されている状態になっても、それに気づかず、対応が手遅れになるケースがあまりにも多い。深みにはまってからでは、手を打っても効果はほとんど出ない。

圧倒された状態を乗り切るいちばんシンプルな方法は、その兆候に気づけるようになることだ。そして、個人としてであれチームとしてであれ、いったん立ち止まり、先に説明した「水中に沈んでいる」ことと「重みに押さえつけられている」ことについて考え、また出直すことだ。

# 20 前に進むためのシンプルな3つのステップ

「たいていの人は最初の風に乗った後、次の風があるのかどうかわかるところまで進んでいかない。自分の夢に持てるすべてを注ぎ込めば、自分から湧き出る活力に驚くはずだ」

――ウィリアム・ジェームズ（1842-1910年）

当たり前のように聞こえるだろうが、どこかにたどり着くためには、基本的に次の3つのステップが必要だ。

**1. 行きたい場所を決める。**

**2. 今いる場所を認識する。**

**3. 出発する。**

このうち1つでも欠けていれば、その旅は最初からまったく不完全になってしまう。生活と仕事があまりにも忙しくなり、自分は「ただ存在しているだけ」という状態に陥ってしまうことも少なくないかもしれない。

この状態になると、ただ仕事を片付けているだけで、1つの方向に進み続けることができなくなってしまう。しかも、自分でそれを正当化することが身についてしまう。「一息つけるようになったら考えよう」「そのうちに、うまくいくようになる」「これが自分の仕事。人生とはこんなものだ」などというように。

私がワークショップやセミナーで口を酸っぱくして言っているのが、「何かが変わらなければ、何も変わらない」という言葉だ。何かしら新しい行動を取らなければ、2カ月、おそらくは2年経っても今のぬかるみ状態にはまり込んだままだろう。最初のステップから説明していこう。

**1. 行きたい場所を決める。**

これが決定的に重要な点で、じっくり考えてはっきりさせる必要がある。これを自分だけでやるのは、本当に難しい。直感的にはそう思わないかもしれないが、ここで労力をかけておくほど、目的地に早くたどり着けることになる。

この作業を自分だけでする場合には、今週中に、どこか邪魔されない場所に行って30分考える時間を確保する。その最初の15分は、自分にとって成功は何を意味するのかを紙に書き出すことに使う。たとえば——

**1. 時間的な自由。**
**2. お金に関する自由。**
**3. 空間（生活、移動、リラックスなどの）。**
**4. 収入の増加。**
**5. きちんとした生活。**
**6. わずらわしさがないこと。**
**7. 好きなことをして、上達すること。**

次の15分は、椅子に座ってリラックスし、自分が書き出したことが現実になった情景を思い浮かべる。つまり、成功を楽しんでいる自分だ。そして、追加で何か思いあたることがあったら、それもすべて書き込んだうえで、紙をたたんでファイルしておく。そして1週間後にまた、新しい紙を用意して同じことをしてみる。

あなたにその気があれば、その1週間後に3回目をやってもいい。このようにすることで、自分の求めていることがはっきりと浮かび上がり、あなたをそこへ導いていく「変化の思考」の止めどない波が生まれることになる。

自分の行き先がはっきりし、情熱と興奮が湧き上がってくれれば、第2、第3のステップ(「今いる場所の認識」と「出発」)は、ずっとやさしくなる。

**2. 今いる場所を認識する。**

自分が今、置かれている状況のすべての要素について考えてみる。これが、あなたの出発点になる。簡単にできていることは? 困難な点は? 自分は何を引きつけているか(会話や出来事、人など)。自分は何を利用することができるか。

**3. 出発する。**

あたりまえのように思われるかもしれないが、現に私は、行き先をはっきりさせ、自分の現在地を確認してもなお、現状にはまったままで動き始めない人を数多く見てきた。とにかく始めよう！自分がめざすことに関係する資料を読んだり、人に会ったり、ブログに加わったり、セミナーに参加したりする。自分自身を関与させて、日々の行動を生み出そう。自分が前に進み続けることを自分自身で楽にするのだ。

これらの見かけ以上に強力なステップに関しては、本書の他のシンプルノートも行動を高めるのに役立つ。

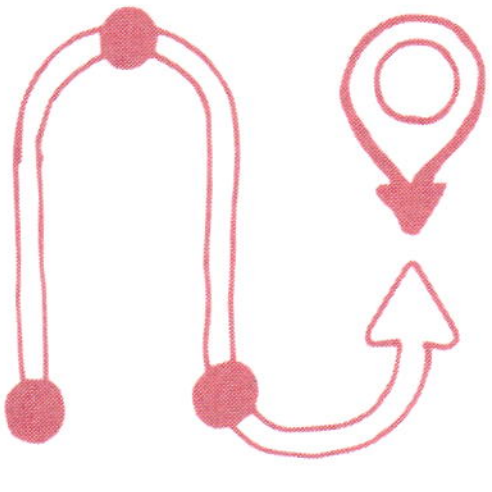

# 21「緊急病」

「自分のすることが違いを生み出すかのように行動すること。実際、そうなのだ」

――ウィリアム・ジェームズ（1842－1910年）

自分の仕事や意図、目標、懸案などについて評価するときには、「アイゼンハワー・メソッド」が信頼できる方法として広く用いられている。ほぼあらゆる時間管理のレッスンやプログラムにも利用されている。あなたもご存知で、その要点を言えるはずだ。

- **緊急度**
- **重要度**

おさらいしておこう。自分が関わっている仕事や約束、行動をすべて**特定**し、左上の図の4つの

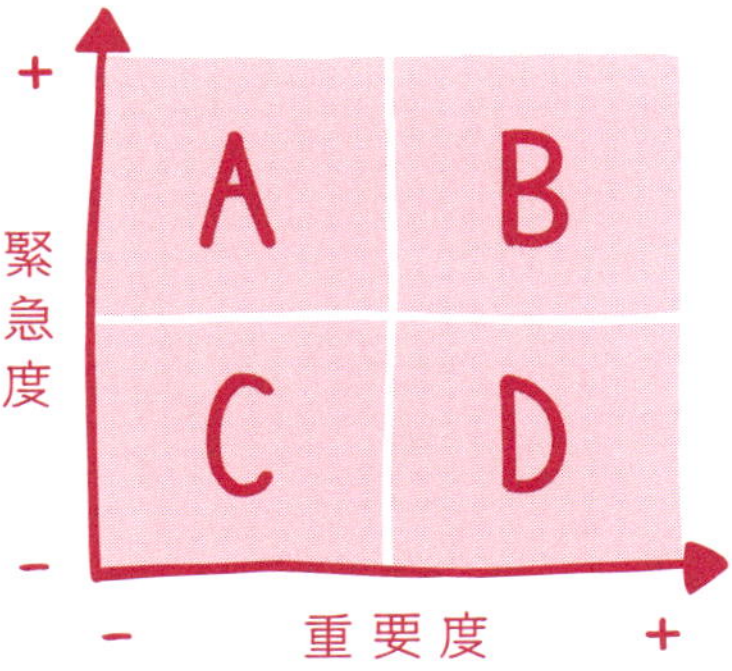


部分に分類する。それぞれの緊急度（期限が迫っているとか、すぐに終わらせる必要があるなど）と、重要度（自分の成長や進歩、周りの環境の向上、より大きな課題の解決、目標の達成やより大きな成功につながるなど）を**評価**する。

ベストな対処法の原則は――

まず、緊急で重要な仕事に**取り組む**（図中のB部分）。

次に、緊急ではないが重要な仕事に**取り組む**（図中のD部分）。

緊急だが重要ではない仕事を新しいやり方で**扱う**（図中のA部分）。

緊急でも重要でもないことは**避ける**（図中のC部分）。

私はコーチングでほぼ必ず、この2×2のアイゼンハワー・メソッドについて話をする。次から次へと要請やメール、メッセージ、通知、会議、プロジェクト、新たな可能性、あるいはゲームやテキスト、ソーシャルネットワーキングなどが大量に舞い込んでくる現在の環境の中では、無意識のうちに「緊急病」の状態になってしまいかねない。

この「緊急病」というのは私の造語で、思考と行動の両面で本当に重要なことに対する意識をなくした状態を意味する。つまり、何もかもが漠然と緊急であるように感じられてしまう状態だ。疑念や失敗の不安から、多くの人が職場での課題の優先度を本来の必要以上に高くしてしまっている。商業的な環境では、このことがすぐに感じられる。ほとんど体で感じ取れるほどの混乱状態だ。

極度の緊急病になると、重要ではないことをあれこれとこなして安心を得ようとする状態になる。しかし、重要でないことは重要でない。重要でないことには時間を余分に使わないのが理想的だ（自分にとって、どこからが「余分」な時間になるのかを見定めておくべきだろう）。自分自身が成長することによって、重要でないことを完全に排除できるようになるはずだ。

今日の多忙な環境では、すべてが「B部分」（緊急で重要）であるかのように言われることもあるだろう。職場の気風として、それが真実として受け入れられた状態になっているかもしれない。

だが、ほとんどの場合、それは真実ではない。あなたも周りの人たちも自分で気づかないうちに、緊急という空気に染められ、緊急病にかかってしまっているのだ。

電子機器の多くは本質的に「緊急的」だ。電話（特に携帯電話）やテキストメッセージ、メール、アラートなどなどだ。それに加えて、メディア（テレビ、ラジオ、インターネット、新聞・雑誌）が緊急性をあおり立て、広告もあなたの注意を引きつけて「今すぐ」行動するよう叫んでいる。これでは、私たちが緊急性の支配する環境に行き着くのも不思議はないだろう。これらはほとんどすべて、有害な「A部分」（まったく重要ではないのに、緊急性の度合いがその事実を覆い隠してしまう）に入る事柄だ。

今の私たちは、これまでよりも多くの選択肢が得られる時代に生きている。いつどこでも自分の意思しだいで、自分を高めるためのステップを踏むことができるのだ。仕事や私生活を劇的に変えることも、現実的に得られる選択肢だ。

ところが、この選択の機会を生かしていない人が多い。この種の行動は常に重要だが緊急ではない（大事な図中のD部分）。この部分の事柄が緊急の叫び声を上げることはなく、自分自身で意識的に熟考することが求められる。このことに費やした時間は必ず後々に実りをもたらすが、「非常警報」の緊急リストには入らないのだ。

予定表に緊急の事柄が詰まっているなかで、「D部分」に注意が向けられることはごくわずかだ。そして気づかないうちに、すべてが重要だと自分自身に思い込ませ、「C部分」で時間をムダにしてしまっている。実際のところは、それが緊急ではないことを楽しんでいる状態だ。重要な「D部分」に目を向けさえすれば、それと同じゆったりした状態で取り組むことができるのだ。

奇妙なことに、緊急病になっている人たちは、本当に重要なことをしている人たちよりも重要な存在であるように見える。緊急病になると、目標を達成できなかったり期限に遅れてしまったりするだけでなく、やみくもな過剰生産性（それも場合によっては意味のない成果での）や過度のストレス、不安などにも行き着く。そして、こんなに努力しているのに前に進んでいないという感覚を引き起こす。

では、緊急病を治すシンプルな方法は？

まず、自分が今週、どのように時間を使ったかを振り返ることから始める。そして、そのそれぞれを87ページの図の４つの部分に分類する。

「自分と自分の目標、そして自分の夢にとって、この仕事は本当に重要だったのか」と自問してみてほしい。そして、考え方を改めたうえで再び仕事に取りかかる。緊急度の高いものに手をつけ、重要なことをするのだ。

時間とスペースを確保して、自分の目標に向かって進んでいくのに必要なあらゆる行動を取る。熟考したうえで目的に合う時間とスペースを確保し、「緊急な事柄」ではなく重要な事柄に集中する。抵抗感はあっても、意志を貫くことだ。

最初の確認段階では、自分の周りで「緊急性」がいかに利用されているかに注意を怠らないようにする。「乗り遅れないうちに、今すぐ購入を」「本日限り」「残りわずか」といった文句が、自分のアドレナリンを高めていることを自覚しよう。それに気づいたら、深呼吸をする。冷静でいることを選ぶのだ。

# 22
# 「6つと半ダース」

「できると思おうが、できないと思おうが、たいていそのとおりになる」
――ヘンリー・フォード（1863-1947年）

見出しに掲げたのは、状況を偏りなくとらえるように戒める数ある言葉のなかの1つだ。この言葉を持ち出したのは、人生の旅は新しい学びと同様に記憶にもかかっていると、私は深く信じているからだ。

まず、自分は逆境に置かれていると感じている場合のことを考えてみよう。自分でそう思っていると、実際にそうなってしまう。

このような考え方は無力感や否定的な受け止め方につながる。長い時間にわたって緊張が生じやすくなる。笑うことが減り、顔をしかめたり歯ぎしりをしたり、前かがみに座ったりするようになる。そして何よりも、状況に過剰に反応するようになる。あまりに極端な過剰反応になることも少なくない。

それとは逆に、自分が置かれた状況はまったく理想的だと思えば、実際にそうなるだろう。自分自身の力、前向きな姿勢、自信、成長性を感じ取れる状態だ。そして、深くリラックスしやすくなる。いつも笑顔で、背筋を伸ばして歩き、周りがよく見えるようになる。ほとんど何でも改めようとする姿勢で、新しい考え方を積極的に取り込もうとする。

そして、おそらく何よりも大きいのは、状況をあるがままに受け止めて考え、正しく対応できるということだろう。闘ったり、あらがったりしようとすることはない。

家庭でも職場でも、そして自分の内面でも、いま起きていることをすべてあるがままに受け止める。状況はいつも「6つと半ダース」なのだが、自分でどちらかだけに目を向けてしまいやすいのだ。

私はコーチングの経験を通じて、上記のどちらの状態が成果の向上につながるか、この目ではっきりと見てきた。つまり、自己変容や移行が早まり、すばらしい笑顔が生まれやすくなる状態だ。「6つと半ダース」というのは、自分の考え方を自分自身の味方にするうえで戒めの言葉になる。

ネガティブなほうの「6つ」だけに目を向けていると、思い込みにはまって「6つ」以上の証拠があるように思えてしまう。ポジティブなほうの「半ダース」にも目を向けて、その時々の状況を複雑化させないでシンプルにとらえよう。

次の1週間、自分の状態を意識するようにしてほしい。そして、ネガティブなほうの「6つ」に目を向けている自分に気づいたら、次の問いに対する答えを紙に書いてほしい。

**1. もう一方の「半ダース」は何か。**

**2. 今の状況の良い面は？**

**3. 自分や周りの人たちにとって、この状況の利点は？**

別の考え方が出てくるまで、同じことを自問し続けてほしい。とても困難な状況になったときに、これは特に有効だ。

# 23

# 我慢

「あなたを疲弊させるのは、この先にある山ではない——
あなたの靴の中に入り込んだ砂粒だ」

——ロバート・サーヴィス（1874-1958年）

我慢には、いら立ちや腹立たしさ、不満が伴い、エネルギーを奪い取られる。時間やお金、愛情などを犠牲にすることもある。我慢を続けていると、エネルギーが不足しやすくなり、熱意がすぐにしぼんでしまうことになる。立ち直る力も弱くなり、日々の困難に打ちのめされるような状態になってしまう。

我慢は、他の人たちの行動や状況、満たされないニーズ、侵害、未解決の問題、欲求不満などが原因となる。自分自身の行動が原因になる場合もある。

たとえば、散らかったデスク、自分の判断を尊重しない家族、支払いを滞らせている顧客、蛇口の水漏れ、立て付けの悪いドアが原因になることもある。このような問題は、あなたの気分に直接的に悪影響を及ぼす。小さな砂粒の威力を思い起こしてほしい。

このようなことは人生にはつきもので、気にかけるまでもないと、あなたは自分に言い聞かせてきたかもしれない。何かしなければならないような問題ではなく、日々の仕事を進めていこうという考え方だ。

あなたには、自分の活力と生産性を大きく高め、総じて「気分がいい」状態になるためのすばらしいチャンスがある。「我慢なし」の状態に至る穏やかなプロセスに従えば、そのチャンスが得られる。

まず、自分が我慢していることを認識する。それに気づいて認め、できるだけ多く我慢をなくしていくようにする。それを払いのけることで、自分の目標にたどり着く道がスムーズになり、もっと楽に進んでいけるようになる。

**ステップ1：**自分が今、我慢していることをすべて紙に書き出す。最も多いのは、環境（自宅の部屋、職場のスペース、車など）、対人関係（家族、友人、同僚、顧客、取引先など）、出来事（会議、方針、手続き、定期的な活動）、所有に関する事柄（何をどこまで持っているか、衣服や電化製品などの必需品など）に関係する我慢だ。自分の生活を振り返り、新しく思い当たったら、またリストに加えていくようにする。

**ステップ2：**リストの項目を1つずつ、払いのけていく。簡単なものから始めよう。途中で止まってしまいそうになったら、誰かに助けを借りよう。

我慢を1つずつ払いのけていくことでもたらされる気持ちの大きな晴れ具合に、うれしい驚きを感じることになるはずだ。

今すぐリスト作りに取りかかり、その中から3つを選び（簡単なものから始めて勢いをつける）、それを払いのけよう。そうすることで活力が高まり、「我慢なし」の状態まで進んでいけるはずだ。

# 24 生活に目標を採り入れる

「目標をもっている人々が成功するのは、自分がどこに向かっているかがわかっているからだ。ただそれだけのことだ」
——アール・ナイチンゲール（1921－1989年）

あなたはキャリアのどこかの時点で、目標を設定し、新しい結果を出すようにと言われることになるはずだ。もっと高い水準で自分の潜在能力を発揮する、ということだ。目標の設定や実現を助けるための商品やプロセス、プログラム、コーチングなどが豊富に出回っているのも、驚くにはあたらない。

私も自分の目標について考えることに、繰り返し時間を費やしていた。自分は本当に目標をもっているのか。今の自分になるまでに、どんな道のりを経てきたか。それで目標は達成されたのか。正直に言って、私ははっきりした答えを出せなかった。そこで、このプロセスをシンプルにできないかと考えるようになった。ここで紹介するのは、そうした状況を解消するための方法だ。簡単に言うと、目標が意味をもつのは、頭の中で次のような状態が整った場合だ。

**明確さ：**目標を明確に定める。

**信念：**目標を達成できると信じている（たとえ不可能なように見える場合でも）。

**行動：**すでに目標を達成したかのように行動する。

あなたはこれまで、このうちの1つ、あるいは2つしか満たさず、それ以外は軽視するか、まったく意識していなかったのではないだろうか。だからといって目標を達成できないということにはならない。時間が長くかかったり、目標達成の明確さや精度が下がってしまったりするということだ。

右の3つについて、自分の状態をそれぞれ0〜10点のスコアで評価し、それを掛け合わせてみる。つまり、総合で0〜1000点の評価になる。仮にどれかが0点だとすれば、他の評価がどれだけ高くても、総合評価は0点になる（つまり目標は達成されない）。

総合評価が低かった場合、3つ同時に対処しようとするのではなく、まず1つに絞って取り組むようにする。この絞り込みによって、目標への到達が早まる。

私の場合、「明確さ」のスコアが低い一方で「信念」は高く、「行動」のスコアはまちまちという結果になりやすい。そして、どのような形であれ、それを改善することが成果の向上につながっている。それぞれについて、アドバイスを付け加えておこう。

「明確さ」については、自分の今の目標を紙に書き出す。最初は漠然としていてもいい。他の人たちと、同じような目標について話をしたり、本を読んだりしてみる。こうして自分の目標を書き直し、練り上げていく。

「信念」については、どんなにささいなことでも、目標への前進を意識する。同じような目標をもっと困難な状況から達成した人たちに話を聞いたり、本などを読んだりする。

「行動」（すでに目標が達成されたかのように行動する）については、何かが欠けていたり、何かを追いかけたりしているような振る舞い方から、自信に満ちた振る舞い方に変えるよう意識する。

目標が達成できたら、自分はどのように振る舞うだろうか。どんな歩き方や話し方をするだろうか。それを実際にしてみるのだ。

# 25 期待のプレイリスト

「自分にないものを求めて、自分にあるものを台無しにしないこと。今の自分にあるものも、かつては願望にすぎなかったことを思い起こそう」
――ロバート・サーヴィス（1874-1958年）

私はコーチングで、今週が終わったと仮定してクライアントに1週間を振り返って話してもらう、という方法を使ったことがある。すると、クライアントだった女性は、自分にとって望ましくない一連の結果について話した。

たしかに、現実的にそうなりそうな状況ではあった。しかし、彼女には選択の余地があった。その日はまだ火曜日で、結果が出る金曜日までまだ4日もあった。自分にとって望ましい結果は？自分がなりたい気分は？　そう問いかけると、この女性は自分が期待することについて話し始めた。その1週間後にまた会うと、実際に違う結果になっていた。最初に思っていた結果ではなく、後から「期待」として話したとおりの結果になったのだ。初めは思ってもいなかった成功を手にして、この女性は満足感をかみしめていた。

これは、あなたにも起こることだろうか。もちろん起こる――それも、あなたが思っている以上の頻度で。あなたは、「期待」が無意識のうちに生み出す強い力によって、自分が望む結果に向かって進んでいくのだ。

あなたの気持ちと姿勢は最初の時点で決まる。ＤＪがプレイリストを決めているのと同じだ。あなた自身がプレイリストを変えないかぎり、最初に予期したとおりの結果になるのだ。

まず、自分の期待のあり方について考えることから始め、それを前向きな期待に変えよう（現実の状況にとらわれることなく）。そして、その期待を毎日思い起こすようにする。そうすれば、その期待が筋肉のように働いてくれるのだ。

# 26 リトリート

「経験を賢く生かすならば、何事も時間の無駄にはならない」
――オーギュスト・ロダン（1840－1917年）

ほとんど正反対の2つの意味をもつ「リトリート（retreat）」という言葉は、私にとって常に探求に値するものだった。この言葉は「後退」「退却」を意味する一方で、日々の喧噪を離れて自分自身と向き合う「避難」も意味する。

私は2つの意味をもつこの言葉を、複雑で困難な状況をシンプルにするのに役立つものとして、お勧めしたい。

困難な状況に置かれ、泥の中を進んでいるような気持ちになったとき、私の頭には選択肢の1つとして、もっとがんばって長く働き、さらに力を込めて進んでいくことが浮かぶ。しかし、これは効果的な対応策にはならない。エネルギーと楽しさを奪われるだけで、私はどうにも気に入らない。

自分はどの部分で前進を妨げられているのか、と考えるようにしてほしい。どこが大変な仕事になっているのか。そのうえで、「リトリート」の第一の意味に従って、別の方向に引き返す。そしてじっくり考え直すか、完全に別の道筋を進むようにする。自分の直近の行動を振り返ってみて、別の形で出直せるかを考える。

そのうえで「リトリート」の第二の意味に従い、自分を困難で複雑な状況から引き離す。一定の時間（状況の複雑さに応じて、1時間またはそれ以上）、どこか静かでゆったりできる場所に移り、自分が置かれている状況について、できるだけ深く見つめ直す。こう自問してみよう。

自分はどうやって、ここまで進んできたか。

今のこの道筋は、どこへ向かうものなのか。

ここで後退する場合、簡単になったり、逆に難しくなったり、あるいは抵抗が生じる部分はどこか。

誰か同じ経験をした人はいないか。

他の選択肢はあるか（十分な時間や予算があるとして）。

こうして気分を変えて、また仕事に戻る。新しい考え方で状況がシンプルになり、前進のギアが上がることになるはずだ。

# 27 フラストレーションを抱えない

「私たちにいら立ちを感じさせる他者のすべてが、
私たちのより良い自己理解につながりうる」

——カール・ユング（1875－1961年）

あなたは忙しい。状況はせわしく、さまざまな経路ですばやくコミュニケーションをとることが求められる。どこに焦点を合わせ、何を終わらせるかという日々の選択は、膨らむ一方であるように思える。

他の人たちとのつながりや協力がなければ仕事を終わらせにくくなっている一方で、他の人たちもまた同じような選択肢に直面しながら、あなたとはまったく違う判断をすることも十分にありうる。その結果がフラストレーションと、力になるはずの協力関係の食い違いの拡大だ。

自分自身に対するフラストレーション、自分がした選択、あるいはしなかった選択に対するフラストレーション。自分が置かれた状況と、その脈絡に対するフラストレーション。そして、このすべての面での他の人たちに対するフラストレーション……。

フラストレーションは、どのような形であなた自身に表れ、あなたの行動と感情にどんな影響を及ぼすのか。消耗感だけでなく、怒りや苦々しさを感じることもあるだろう。要するに、いい気分にはならない。

気分が良ければ能率が上がり、頭の回転が速くなって創造的な思考ができ、チャンスや望ましい展開（これでまた気分が良くなる）が増えるということを、私はずっと自分自身に示してきた。つまり、フラストレーションをなくすということは、よりパワフルな状態に変わることにほかならない。

フラストレーションを中和するのに、すぐに使える方法を紹介しよう。サイモンの「フラストレーション・ニュートラライザー・メソッド」だ。ペンを持ち、ノートの新しいページを開く。そのスペースの左側に、フラストレーションの原因になっている事柄を大きい順に5つ書き出す。理由は書かないで、ただその事柄だけを書く。

そして、それぞれの右側に、その事柄を主語にして「……のはすばらしい」という文章を書く。想像力をフルに働かせて、その事柄が「すばらしい」ことになる状況を考え出す。

さて、実際にやってみて、どうだっただろうか。ネガティブだった気持ちと姿勢が、少なくともニュートラルに変わったはずだ。それによって気分が晴れ、創造的な思考力が高まり、前向きになるべき理由がさらに思い浮かぶようになる。つまり、穏やかな対応を選べるようになる。

そして、フラストレーションを抱え込まないためには――

まず、フラストレーションと無縁になっていいのだということを、自分自身にはっきり認識させる（依存状態さながらに、フラストレーションを毎日感じようとする状態になってしまっている可能性がある）。

次に、自分のフラストレーションを口に出すことをやめる。それはフラストレーションを高め、自分自身に悪影響が及ぶようにすることにほかならない。そして、「フラストレーション・ニュートラライザー・メソッド」を使い続ける。

# 28 自分の生産性を高める

「効率的な力ほど静かで目につきにくい」

――マハトマ・ガンジー（1869－1948年）

多くの人が、長い「やることリスト」がさらに増えていく状況の中にある。自分が関わる仕事の案件が増える一方で、それに使える時間や予算などは、減らないだけでもましなほうという状況だ。たぶん、あなたもそんな状況の中で、成果を上げて競争に勝つことにプレッシャーを感じていることだろう。しかし、その一方で仕事への集中を邪魔するものも多い。会議が増え、答えなければならないメールなども溜まっていく。目に見える形の前進は部分的にとどまってしまいがちだ。前進はがっかりするほど遅く、フラストレーションが溜まることになる。

計画性を高めることで生産性を向上させる、シンプルな3つのステップを紹介しよう。これからの2週間、毎日仕事を始める前に次のステップを踏むようにしてほしい（これは自分自身の姿勢を変えるものなので、仕事の途中や仕事が終わってからではなく、仕事の前にやることが肝心だ）。

まず10分間、何もしないで心を落ち着ける。邪魔の入らないところで、静かに座っている。次に、その日にしなければならないことのうち、本当に進めたいこと、あるいは今日中に終わらせたいことを3つ決める（その日が期限になっていることに限る必要はない）。

そして、その3つを自分の名刺（あるいはメモ用のカード）の裏に書き、その日が終わるまで、いつでも取り出して見られるようにしておく。

そのカードは、あなたが絶対に集中するべきことを示している。どんな会議があろうと、どんな連絡が入ってこようと、この3つこそが、その日のあなたの目的なのだ。

それが片付くまで、その日の仕事は終わらない。逆に早く片付いたら、あとはリラックスした「完了」モードで残りの時間を楽しもう。それ以外に片付いたことは、完全なおまけになる。

これを一定の期間にわたって続ける（最低でも10日間、最大で20日間）。そうすることで、この生産性向上のためのステップを30〜60回重ねることになる。

逆に、そうしなければ毎日の慌ただしい状況に振り回され、生産性を上げることはできなくなってしまう。

# 29 追い風

「漁師は海が危険なことも嵐のひどさも知っているが、だからといって陸にとどまっていようとは考えない」

——フィンセント・ファン・ゴッホ（1853-1890年）

私はバルト海で1週間、ヨットに乗ったことでさまざまな体験をし、その教訓をコーチングに生かすことができた。その1つは、風向きへの対処だ。あたりまえのように聞こえるかもしれないが、風向きによって目的地へのルートが変わる。その変わり方は必ずしも明白ではない。

海でも人生でも、選んだ目的地へ一直線に向かうことは少ない。職場などで状況が絶えず変わるため、A地点からB地点への直線ルートが選択肢になることはまれにしかない。

それでも突き進もうとすれば、目的地に向かって進めたとしても、ゆっくりとした前進にしかならない。つまり、自分の帆とコースを調整する必要があるということだ。

バルト海で、完全な追い風が吹いた日があった。スピードに乗って進めると思うだろう。帆をいっぱいに膨らませて直進するイメージだ。たしかに、スピードは出るのだが、実際には危険な「ポイント・オブ・セール（航行コースと風向きの角度）」で、安全に針路を保つことが難しくなる。強い追い風を受けて帆とマスト、さらには主帆を支える横桁に大きな負荷がかかるからだ。

そこで風の力を弱めるために、まず西側に針路を取り、それからまた東側に舵を切る。目的地までの航行距離は延びるが、ヨットを安全に使いながら十分なスピードを保つことができる。

自分にとって完璧な状況（つまり完全な追い風）になったと思えたのに、周りの変化が速すぎるようになって神経をすり減らした、という経験があるのではないだろうか。

危険を帯びた直進コースを取れば、目標の達成が早まるかもしれないが、ダメージを伴うことが多い。人間関係や全体的な計画、仕事の量と質に生じるダメージだ。かといって、完全にコースを変えてしまうと前進のスピードが落ち、成長や向上、変革のチャンスを逃してしまうことになる。

最も強力な選択肢は、針路を微調整することだ。つまり、左へ右へとジグザグに進んでいくように。仕事においては、自分の短期的目標、長期的目標と現在の位置を常に照らし合わせるという形になるだろう。

自分の目標を動かしたり、変更したり、あるいは保留することは可能か。

今、近づいているものは?

現時点で維持すべき基準、あるいは下げるべき基準は?

ふだんは考えないような短期的な目標をいくつか決めて、頻繁に状況と進み具合を確かめ、重要になるものを見定める(仕事の質、コミュニケーション、人間関係など)。いったん立ち止まって(「11. 一時停止」を参照)、自分の直感にテンポを合わせる。何週間かチーム内の役割分担を変えたり、焦点を移したり、癖のように染みついたやり方を見直したりすることも、効果を生み出しうる。

これからの数週間、状況がどう変わっても、自分が向かっている先と風向きを考えるようにしよう。今、追い風は吹いているか。安全と楽しさと成果を最大限に高めるために、短期的に変えられる部分はないか、と考えてみよう。

# 30 5点満点の状態になる

「相手をあるべき姿になっている人として扱えば、
その人があるべき姿に成長するのを助けることになる」
――ヨハン・ヴォルフガング・フォン・ゲーテ（1749-1832年）

才能も意欲もある多忙なプロジェクトマネジャーたちのチームにコーチングをしたとき、私は毎週の会議で行われていた「温度チェック」に興味を引かれた。それぞれのメンバーが、チームとの一体感の強さや幸福感のレベルなどを1～5点のスコアで自己評価していたのだ。

おおむね予想にたがわず、いちばんスコアの低い人は2点で（圧倒的な仕事量に忙殺されていた人）、いちばん高い人は4点だった（挑戦するのが好きで、毎日を楽しんでいるはつらつとした楽天的な人）。そこで私は、愚問であるとは思いつつも、5点になるのはどんな状態なのかと聞いてみた。

すると、興味深い答えが返ってきた。そして、そこから「5点」に通じる可能性が開け始めた。それぞれのチームメンバーが、かなり異なる形で「5点」の状態をとらえていたのだ。やり遂げたという意識を基準にしている人もいれば、チームメンバーからの認知や感謝、目に見える形の影響力、笑顔、学習、互いの絆、喜びなどを基準にしている人もいた。5点の基準の大部分は本来の課題から外れたものだった。これでは、誰も5点という可能性を思い浮かべなかったのも当然だった。

5点にすれば自分に甘すぎる、という罪悪感さえ感じ取れた。しかし、これはまったくばかげている。私は毎日、5点満点をめざして仕事をしている。私がコーチングをしてきた最も成功度の高い人たちも、5点の日がいちばん多いという人がほとんどだ。これは単純に考え方の違いなのか。たぶん、そうだろう。

上述のチームを前進させ、各メンバーに5点の可能性を切り開くには、シンプルな考え方に切り替える必要があった。5点の日が続く状態を思い浮かべるのではなく、5点の瞬間、あるいは5点の1時間、5点の朝というとらえ方をしてはどうか。そして、それはどのような状態なのか。私はチームの各メンバーにいくつかの質問をして、それぞれ個別に対応策をまとめ上げた。

あなたも、5点満点になる状態について考えてみてほしい。何が5点という感覚につながるのかに考えを集中させる。自分が「5点の1日」を経験できるように、まず次の点について考えてみよう。

その1日をどのように始めるか。

最初に何に集中するか。

誰と時間を過ごすか。

自分が避けること、避ける相手は?

このような形でシンプルにして5点の感覚を生み出し、その時間をつなげていけば、そのうちに1日全体を最高の気分で過ごせるようになる。

# 31
# 「思考管理」入門

「精神は思考の色に染まっている。
自分の原則に合致し、白日の下にさらせることだけに考えを向けよ。
どのような人格になるかは自分自身の選択だ。日々の行いが人をつくる」
——ヘラクレイトス（紀元前535‐前475年）

自分はなぜこのことを考えているのか、という思いにとらわれたことはないだろうか。あるいは、自分が考えることと生活上の出来事は直接的につながっているのではないか、と思ったことは？

私はこれまで、自分の思考に対して信じられないほどの影響力を生み出す静かな場所を好み、自分自身を心安らかに保っている達人たちに出会ってきた。しかし、まだ思考の進化の過程にある人には、自分の思考のコントロールと管理は難題だ。

単純に言うと、あなたの思考は、あなたがさらされているさまざまな刺激によって引き起こされる。色、人、音、食べ物、体の姿勢、場所、におい……。これらすべてを管理するという難しい仕事に取りかかる前に、すぐに効果が表れるシンプルなステップがある。それは、自分が追い求めたい思考を選ぶことだ。

「自分が考えていることについて考える」ことをしないで、何分間も無意味な考えにふけってしまうことがある。しかも、そうすることでその考えに力を与え、それによって気分と態度が変わってしまうことになる。逆に前向きな思考に入れば、おのずとその方向に考えが広がっていく。気分と態度も、それとともに変わる。どちらのほうが心地良いだろうか。どちらの思考が、新しい前向きな考え方やアイデア、これまで見過ごしていたチャンスに気づく力につながるだろうか。

こんな方法を毎日、実践してほしい。望ましくない考えが頭に浮かんだら、すぐにそれを切り捨てる。つまり、気づいた時点で、それ以上考えることをやめるのだ。そして、それよりも良いことに考えを振り向け（窓の外の景色や、これから楽しみにしていることでもいい）、最低でも2分間、それについて考える。そして、自分の気分を自覚する。

この方法のおまけとして、自分が周りの人たちにどんな思考を引き起こしているかを考えてみる。それは前向きな思考だろうか。彼らに、どんな反応を引き起こしているか。あなたの存在や言動、態度の結果として、彼らは何を考えているか。シンプルに、良い考えに頭を使うようにしよう。

# 32 ミルクの鍋を火にかけたままでいないか

「古い悲しみに新しい涙を流すことなかれ」——エウリピデス（紀元前480 - 前406年）

家を出たり会社から帰ったりするときに、何か重要なことをし忘れたという思いにとらわれることがあるのではないだろうか。家族と一緒に何日か家を空けるとき、私は必ずこう聞くようにしている。「ミルクの鍋を火にかけっ放しにしてきたか？」。出かける前に何かし忘れたことはないかと、家族の頭を揺さぶるための一策だ。

私の意識にあるのは、この種のもやもや感や不全感が引き起こすエネルギーのロスだ。これは私自身の経験からも、クライアントたちとの体験からも言えることだ。集中力がそこなわれ、頭の一部が何か別のことに引っかかっていると（たとえばミルクの鍋）、それが行動に影響を及ぼし、確実にできるはずのことができなくなったりしてしまう。この「頭に引っかかっている」感じが災いして、うまくいかないことになる。

そうした状態は、「ミルクの鍋」のような明らかな問題だけでなく、もっと深いレベルでも生まれることがある。放っておいたまま、ほとんど忘れかけていたささいなことが、頭の隅に引っかかっていて気分が晴れない状態になっている、という場合がある。

「頭に引っかかっている」のは、支払いを済ませていない請求書かもしれないし、何か言い忘れていることや決めていないこと、部分的にしか終わっていない仕事、誰かにお礼を言うことかもしれない。このリストがとても長くなってしまい、その日のうちにすべてを片付けられないことで脳が不満を抱え込んでしまう。すっきりした気分で「5点満点の状態になる」ことを増やしたければ、2つの選択肢がある。

**1. 何かが済んでいない状態を「そういうものなのだ」と自分に言い聞かせ、そんなことは気にせずに目先の仕事をすればいいのだと思うようにする。**

これは手早く前に進んでいける方法ではあるのだが、そのうちにまた意識が記憶に向かい、「引っかかっている」事柄がまた現れることになる。

**2.** **自分で「リスト」を点検し、たとえ小さなことでも（あるいは小さなことだからこそ）、気にかかっているということをはっきりさせる。**

**リストを見て、すぐに片付けられること、今週中に済ませられること、今の自分にはもう関係がないので切り捨てられることを、その場で見極める。**

**この整理には、同僚などと話して結論を出すために、メールや電話で集中的に連絡を取ることも必要になるかもしれない。**

この「ミルクの鍋」作戦を試してみてほしい。このような形で1歩進んだ後の気分の違いに、驚くことだろう。すべての懸案が一気に片付くことにはならないとしても、目的意識をもって行動することによって、自覚していなかったエネルギーのロスがなくなるのだ。

# 33 自分の中の「取締役会」

「誰の人生にも、内なる炎が消えてしまうことがある。
それが別の人と出会うことによって、また燃え盛る。
内なる魂に再び火をともしてくれる人たちに感謝すべきだ」
——アルベルト・シュバイツァー（1875-1965年）

企業の経営幹部やリーダーは、決断を下すべき複雑な問題を抱え込み、自分独りで結論を出そうとすることも少なくない。しかし、本当のところ、自分独りだけということは絶対にないのだ。決断をするときに、きわめて効果的な頼れる方法がある。これまでの自分の道のりに影響を及ぼした人たちとのつながりを、あらためて意識することだ。

もう亡くなってしまった人や架空の人物も含めて、尊敬できる人たちから助言や導きを得ることができる。ペンと紙を用意して、次のことを考えてみよう。

●これまでの自分のキャリアや決断、人生の選択に影響を与えた5人は誰か（それ以上でもいい）。あこがれや尊敬をいだき、手本にした人たちは？

●その人たちの名前を見ながら、自分が受けた影響、その状況や結果について考え、それを3つの単語か短い語句にして書く。この人たちが「自分株式会社」の最初の社外取締役だ。

●次に、今の自分が直面している最大の問題に考えを向ける。まだ下していない決断、まだ考えている最中の問題、まだ口に出していない言葉などだ。それが安眠を妨げたり、幸福感を阻害したりしている可能性がある。

自分の「社外取締役」名簿の中からランダムに2人を選び、自分の問題について意見を「聞いて」みよう。どんなアドバイスをもらえるだろうか。

重要なポイントとして、そのアドバイスに従わなければならないわけではない。自分とは別の観点に立って、自分の状況がどう変わるかを考えてみるのだ。それは前進につながるか。自分が採り入れることのできる考え方か。あるいは、さらなる問いにつながったり、意見を組み合わせることで新しい何かが得られたりするだろうか。

自分の取締役を選ぶだけでなく、解任して入れ替えることもできる。私のコーチングのクライアントには、家族やフィクションの登場人物、共感や尊敬をいだいている著名人を加えた人たちもいる。次の役員会を自分の力にしてほしい。

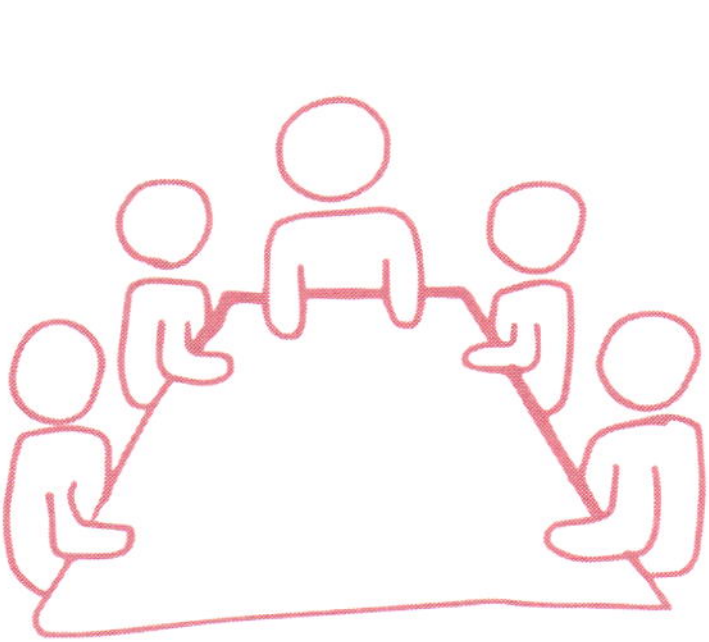

# 34

# 内なる批評家の力を高める

「立ち上がって話すには勇気がいるが、座って聞くことにも勇気がいる」
——ウィンストン・チャーチル（1874-1965年）

私は人前で話す機会会や、そこでの課題を喜んで受け入れている。特に企業人向けの講演がそうだ。私は何年か前のあるイベントで、自分自身に対する信念と態度を前向きに変えることを説こうとした——それもわずか45分間で。

イベントの参加者は、不安定な状況にある業界で大規模な再編のさなかにある人たちで、講演のテーマは「立ち直る力」だった。

このイベントでは、私はいつにも増して自分の内なる声の力を意識していた。つまり、厳しい言葉を浴びせてくる「内なる批評家」だ。講演の準備を整えようとする間、その内なる批評家が（大きな）声で疑念をぶつけてきた。

そして、そうした不安が無益な疑問を呼んだ。これで効果が出るのだろうか。この内容でいいのか。量的にこれで十分なのか、それとも多すぎなのか。

この準備段階で私の不安を和らげてくれたのは、私の先輩だった。その先輩の女性は、私がこれまでにも同じような問題に直面して、それを克服してきたことを思い起こさせてくれた。心配するのはやめて、そのまま前に進めばいいと端的に言ってくれた。大丈夫、いい内容だから、と。

ところが、イベントの当日、他の講演者たちと顔を合わせると「内なる批評家」が私を他の面々と比べ、疑念の残り火がまた燃え上がってしまった。

本当に納得してもらえるだろうか。私などダメではないのか。あの人たちは自分よりもずっとすごいプロだ……。私は今、このイベントに参加できたことに感謝している。「内なる批評家」の質を高める契機になったからだ。

あなたも「内なる批評家」にわずらわされているかもしれない。重要な会議やプロジェクトなどの前に、必ず口を出してくる批評家だ。この批評家は、実はおびえている自分自身の声で、あなたをリスク回避の姿勢、つまり「何もしないことが最善策になる場合もある」という弱気の考え方に引っ張り込もうとする。そのせいで不安が高まり、疑心暗鬼の状態になりかねない。

しかし、これは避けられないことではない。私はこのような状態に対処するために、数々の方法を使ってきた。ただ内なる声を静めるだけでなく、その批評家の質を高めれば永続的な変化につながることになる。

1. まず、自分はどんな結果を求めているのかをはっきりさせる。自分は何を望み、何を意図しているのか。どんな結果になりうるのか。すでに批評家が声を出し始めていると、この最後の問いは答えにくくなってしまう。しかし、この自問を早い段階で始めれば、前向きの効果が生まれ、目線を上げて結果を高めることが可能になる。

2. 次に、内なる声に耳を傾ける。批評家の声よりも小さくて聞こえにくいかもしれないが、あなたの心の中では別の声も出ているはずだ。それは「応援者」だ。批評家の声を聞いてしまうと精神的に落ち込み、生理的にも体の働きが低下してしまう。それではいけない。そんな状態で本番に臨めば、ミスや間違いをしやすくなってしまう。応援者が言っていることを聞くようにすれば、それで一気に気持ちが高まることはないにしても落ち着けるようになる。

批評家と応援者の両方に注意を向けよう。どちらも、自分の感情的状態から生まれる思考の連鎖だ。対処法については、「31.『思考管理』入門」も参考にしてほしい。自分自身で内なる語りを止める必要がある。どちらの声を聞いて従うかは、自分自身の選択しだいであるということを忘れないでほしい。

私の「立ち直る力」の講演の時と同じように、この2つのステップを踏めば、ほんの何分かのうちに「内なる批評家」の質が高まり、邪魔ではなく手助けをしてくれるようになる。そして、良い結果が得られるようになる。心を落ち着けて、進んでいこう。

# 35

# 「でなければならない」の縛りを外す

「人は自制によって小さな存在に、熱望によって大きな存在になる」
――ジェームズ・アレン（1864-1912年）

あなたには実に多くの選択が開けている。それなのに習慣的な選択を繰り返し、得られうる選択肢に目を向けずに日々を過ごして、何も良くならないという不満を抱え込んでいる人が多いようだ。あなたの身に起こること、つまりあなたの日々の現実は、2つのことと直接的に関係している。

**1. 自分が考えていること**（常々考えていること）。
**2. 自分が進んでいる方向**（あなたが繰り返している行動）。

私は、ある特定のタイプの考え方の力の強さに気づかされることが多い――その考え方を無意識のうちに繰り返していると、力と喜びを奪い取られることになってしまうのだ。それは、「でなければならない」という考え方だ。

決断を下すとき、あなたの頭の中には「～したい」「～する必要がある」「～するべきだ」「～できる」のほかに、漠然とした「～でなければならない」という考え方が存在している。

気分を高め、進歩や満足、達成の意識を味わえるようになるためには、これらの考え方を「蒸留」する必要がある――すべてが混ざり合い、優先すべき事柄や選択肢が渾然一体となって見えにくくなってしまう前に。シンプルな「蒸留法」を紹介しよう。

**「～したい」**：十分に顧みられないことが多く、たなざらしになりやすい。意識はしているものの、それについて行動を取っていないという状態だ。実際には、喜びを体現するものであり、自分の潜在能力を発揮することにつながりうる。この考え方にもっと意識を向け、時間を割いて意思を固めるべきだ。

**「〜する必要がある」：**人生に不可欠な部分となることが多い。自分の気持ちもそれに傾いているのなら、そうすればいい。そうでない場合には、誰かにやってもらったり、機器などの力を借りたりすることもできる。とにかく、無視してしまわないように。本当にする必要のあることなら、どこかの時点で注意を向けなければならない。

**「〜するべきだ」：**これは力の弱い「〜する必要がある」だ。「〜する必要がある」に格上げできるか、それとも放っておけるか、見極めをつける必要がある。これはすぐに溜まってしまいやすく、それとともにエネルギーを取られて疲労が生じることになる。

**「〜できる」：**往々にして、創造的で前向きな変化のステップになる。静かに過ごせる時間を取って、自分自身の「〜できる」で思考を広げてみよう。自分の将来への触媒として作用することにもなりうる。

**「〜でなければならない」：**私は、このカテゴリーにいちばん関心を引かれる。他の4つに似たものでもありうると同時に、怒りを帯びて潜んだまま不快感を引き起こし、前向きな信念をもつことを邪魔する。

あなたの頭にあるのは、どんな「〜でなければならない」だろうか。家族ともっと時間を過ごすようにすることか。もっと体を動かすことか。食生活の改善、計画性を高めること、整然とした生活、あるいは何か癖を直すことだろうか。

「〜でなければならない」は、他の4つのどれかと見間違われることも少なくない。そのまま放っておくとエネルギーを奪い取られるが、常にえり分けて整理するようにすれば気分が晴れ、前に進むために必要な明確さが得られる。「〜でなければならない」の縛りを外すためのシンプルな方法を紹介しよう。

まず、これから1週間で、自分の頭の中にある「〜でなければならない」を紙に書き出す。書き出した項目リストの右側に4つの欄をつくる。

最初の欄には、その項目の自分にとっての重要度を1〜5の評点で記入する（前向きな意味で人生を変えるような可能性があるものを「5」とする）。

2番目の欄には、すぐにでも行動に移りたいという思いの強さを1〜5の評点で記入する（今この瞬間にでもという場合を「5」とする)。
3番目の欄には、左側の2つの数字を掛け合わせた数を書き入れる。リストの中で、3番目の欄の数字が大きい上位3項目のそれぞれについて、今日中に行動できること(つまり「〜でなければならない」の縛りを外す方向へ進むのにつながること)を1つずつ決め、それを4番目の欄に書き入れる。

そのことを実行すれば、驚くほど気分が良くなり、これまでもつれ合っていた自分の内なる願望に向かって進んでいく、新しい勢いが生まれることになる。すぐにこれを始めれば、それだけ自分の現状が変わるのも早くなる。3カ月に1回のペースで続けていけば、自分の世界が劇的に、そして永続的に変わることになる。

# 36 シンプルな瞑想

「人間の問題はすべて、
部屋の中で静かに座って何もしないということができないことから生じている」
――ブレーズ・パスカル（1623－1662年）

瞑想やマインドフルネスは、今や自分を高めるための方法として広く受け入れられている。瞑想は、完全な意識を得るために自分自身を内なる思いや感情から切り離す方法だ。瞑想は深い変容をもたらしうる。

ところが、今でも瞑想に抵抗感をいだく人は少なくない。私も長い間、瞑想という概念に抵抗感をもっていた。お香やあぐらの姿勢、チベットの鐘の音といったイメージに疑わしさを感じていたのだ。

しかし、私が思い知らされたのは、ほんの短時間でも単純に「止まる」こと、そして慌ただしい思考を静めることがもたらす力の大きさだった。かくして、私も瞑想を実践するようになった。

脳科学の研究から、頭は体の動きや話すスピードよりも最大で16倍速く働くことが示されている。したがって、私たちが何重もの考えにとらわれてしまって焦点を失い、精神的・肉体的疲労を感じることがあるのも驚くにはあたらない。

シンプルな瞑想は、その名のとおり実にシンプルだ。お香や心を穏やかにする音楽などは要らない（慣れていくにつれて、それも役立つようになるが）。最低で2分間、意識的な活動を止めるということだ。

あなたの今週の予定に、シンプルな瞑想を組み入れる方法はこうだ。できるだけ落ち着ける場所に、座り心地のいい椅子を用意する。邪魔や騒音が入らない場所にする。呼吸は自然にするが、ふだんより少しだけゆっくり、深くする。吸うのと吐くのを1セットとして頭の中で10セットまで数えたら、次は10から1まで逆に数えていく。

自分の呼吸だけに意識を集中し、他には何も考えない。何かが思い浮かんでも、そのまま消えてゆくようにする（呼吸を10セットまで数えながら、それぞれの数字を頭の中でできるだけ大きく思い描くのもいい）。これだけだ。

忙しくなるほど頭の中がいろいろなことでいっぱいになり、この瞑想も難しくなるのだが、そのぶん実感できる効果も大きくなる。頭の中に別のことが浮かんで、数を数えるのが途切れてしまうこともあるが、その場合にはまた1から数え直す。

この「止まる」ことの効果は、瞑想を毎日同じ時刻に1週間続けることで驚くほど高まる。心と体をその時間と空間にゆだねて、シンプルに「止まる」のだ。シンプルそのものだ。

# 37 時間の投資の見返り

「この世界は、一度しか通り過ぎることができない。したがって、私ができる善い行い、あるいは他の人に対して示せるやさしさは、何であろうと今、それをしておきたい。先延ばししたり、見過ごしたりはしない。この道をまた通ることはないのだから」――ウィリアム・ペン（1644-1718年）

私のコーチングのクライアントの多くは、予定がびっしり詰まっていて、まるで急流の中でむち打たれ、方向を変える力などないように感じている。ありがちなのが、気分がいい週（さえていると思える週）と、気分がすぐれない週（疲れている週）に分かれてしまうという状態だ。結果をなりゆき任せにして、川の向きと流れの速さ、水量に身をゆだねる状態になっていないだろうか。

どこに時間を「投資」するかという意識を高めれば、自分で舵を取りながら川の中を進んでいけるようになる。こう自問してほしい――

自分は何に時間を費やしているのか。
それは自分にどんな影響を及ぼしているか。

一例として、先週のことを振り返ってみよう。たとえば50時間働いたとして、その内訳は次の時間投資のカテゴリーで、どのように分類されるだろうか。

**自己：**完全に自分独りでいた時間。何にも邪魔されることなく考え事をしたり、何かをしたりしていた時間。

**触発：**刺激や動機づけを受ける相手と一緒だったり、そのような場にいたりした時間。別の視点を与えてくれる相手や、新しい発想を得たりアイデアを膨らませたり、深く考えることを促したりしてくれる場など。

**標準：**自分にとって日々の「標準」的状態になっている相手と一緒だったり、そうした場にいたりした時間。時に例外はあっても、たいていは自分で状況をコントロールできる状態。

**消耗：**ただエネルギーを消耗させられるだけの相手や場、あるいは仕事のために使った時間。

自分の時間投資のあり方と気分の状態につながりがあることは、シャーロック・ホームズのような名探偵でなくてもわかるだろう。この分析をして意識を高め、スケジュールを変えていこう。

**1.「消耗」の時間を今すぐ最小限に減らす。**

**2.「触発」の時間を増やす。その余地を見つけ出すのに少し考えたり、努力したりしなければならないかもしれない。これは次のカテゴリーにも関係する。**

**3.「自己」の時間を今すぐに確保する。予定表に書き込み、それを守り、週ごとに増やしていく。これが自分の潜在能力を解き放つカギになる。**

シンプルに意識を高めよう。そうしないと、川に流されたまま、自分が行きたくないところへたどり着いてしまうことになりかねない。

# 38 決意をシンプルにする

「自分の過去を見たければ、今の自分を見よ。自分の未来を知りたければ、今の自分を見よ」

——中国のことわざ

何かを変えたり、悪い癖を直したり、やると言いながらやっていなかったことに手を付けたりするのは、1年中いつでもできることなのだが、やはり1月に始めようとすることがいちばん多い。アメリカのオピニオン・コーポレーション（ニュージャージー州プリンストン）の調査結果によると——

- 62％の人が新年の誓いを立てている。
- 8％の人が毎年、誓いを果たしている。
- 19％の人は2年に一度の割合で誓いを果たしている。

- **49％の人は、たまに誓いを果たしている。**
- **24％の人は誓いを果たしたことがなく、毎年つまずいている。**

つまり、4人に1人が毎年つまずいているということだ。多くの人が軽々しく冷笑主義に陥り、誓いは守れなくてあたりまえというように思ってしまっている（そしてまた誓いを立てる）。この問題をシンプルに解きほぐし、自分が本当に求めている変化に近づいていく――シニカルな疑念の霧を晴らし、自分を変えていく――うえで、次のような方法が役立つ。

**新年の誓いは立てない：**あなたが今、これを読んでいるということは、明らかに自分を高めたいと思っていて、なにがしかの誓いを立てようとしているということだ。つまり、新年など何か特別な日に誓いを立てる必要などない、ということだ。

**やるしかないという意識をもつ：**なぜ、その誓いを果たしたいのか。それをやらざるを得ない理由を3つ見極めて紙に書き出し、自分自身に思い起こさせるようにする（パソコン画面に付箋を貼ったり、バスルームのタイルに書いておいたりするなど、目に入るようにしておく）。

**スポットライトを当てる：**誓いを果たした後の自分の境遇を、物や貼り紙などで視覚化する。雑誌の切り抜きや絵、特定の物など、何を使ってもいい。それを毎日、いちばん目に付きやすいところに置いておく。

**1つだけに絞る：**科学的な研究から、人間は一度に1つのことにしか意志力を振り向けられないことが示されている。1つの目標を選び、それだけに集中しよう。

**常に進歩を確認する：**毎週30分の時間を取り、進展の度合いを確認してノートに書き込み、誓いを新たにする。

**誓いの仲間を見つける：**お互いに動機を高め合う。

**気持ちに従う：**時期的にふさわしくないという気がしたら、放っておいていい。その時期の自分にふさわしくない目標にしがみついていても、無用な苦痛を感じるだけになる。

**実体をもたせる：**再スタートを切るうえで、物理的あるいは視覚的な変化を役立てる。たとえばデスクの位置を変える、着なくなった服を処分する、時計をはめる腕を変えるといった方法がある。

**自動化する：**行動や行動にいたるステップを、最大限にシンプル化する（たとえば、スポーツジムにもっと通うという目標だったら、必要なものを入れたバッグをいくつか用意し、オフィスや車などに置いておく）。

**自分にごほうびを与える：**一定の基準をつくっておき、それを達成したら自分にごほうびを与える。たとえば、週末の旅行とか新しいケータイなど。

自分自身の誓いに力をもたせ、達成するのがふつうになるようにしよう。

# 39 何を読むか？

「環境の選び方に気をつけよう。それが自分をつくるからだ。友人の選び方に注意しよう。自分も彼らのようになるからだ」
――W・クレメント・ストーン（1902-2002年）

あなたは今、どんなものを読んでいるだろうか。単純な問いだが、考えてみる価値がある。あなたの態度や精神的状態、気分、心のありようは、あなたが身をさらす（意図的であるかどうかを問わず）さまざまな外的刺激に影響される。

自分のところにやって来るものを受け入れ、吸収していくというのは、危険なやり方だ。何が自分のところにやって来るのかを曖昧にしか意識していないというのも、同じように危険な状態だ。

ここでは、読むものの選び方に焦点を絞るが、テレビやラジオの番組の選び方、人との会話の内容、行く場所などなどにも同じことがあてはまる。私は何年も前に新聞を読むのをやめた。読んだ内容によって気分が変わり、数分間だけでなく数時間、あるいは1日中、その影響が残ってしまうことに気づいたからだ。

もちろん、仕事やキャリアのため、あるいは自分の関心を満たすために読んで吸収しなければばならない事柄もあるが、それ以外は不要なはずだ。ところが、誰にとっても、さまざまなところから送られてくる無意味な情報、あるいは邪魔な情報は増える一方だ。

次の1週間、自分自身を観察してみてほしい。インターネットや活字メディア、ブログ、掲示板などを読んだときには、その後の自分の状態を確かめてほしい。どの内容が頭に残り、それでどんな気持ちになっているか。いい気持ちではなかったら、それはもう今すぐ読むのをやめることだ。

ベストな状態になれるのは、気分がすぐれているときだ。自分で自分の気分を害するようなことはやめて、調子を狂わせるものが入ってこないようにしよう。選択という力を使い、自分を前に進ませてくれるもの、刺激を与えてくれるもの、いい意味で自分を揺さぶってくれるものを読み、それ以外は放っておこう。

# 40 「3-4-3」戦略

「幸福への道は2つの単純な原則にある。
自分が興味を引かれ、うまくできるものを見つけることと、それが見つかったら、
自分の魂のすべてを傾けることだ——エネルギーと情熱と才能のすべてを」
——ジョン・D・ロックフェラー3世（1906-1978年）

私にとって「3-4-3」はサッカーの最高のフォーメーションであると同時に、コーチングでクライアントの行動を変えるうえでも役立っている。自分にふさわしい仕事にもっと時間を充てられるように、行動の仕方を変えていくための指針だ。

企業内のチームや個人のクライアント、ワークショップやセミナーの参加者に対して、私はよく、自分がベストな状態になっている時間はどのくらいの割合かと質問する。すると、仕事や会議が多すぎて、最高の状態で働くことを邪魔されているという答えが返ってくる。毎日の大部分がそんな

ありさまだ、というすばらしい言い訳だ。

「3-4-3」戦略は次のように働く。

まず、自分が自分らしく仕事をすることに関係する事柄を、すべて挙げてみる。とにかくすべてだ。

**トップ・スリー：**あなたがすることや関与することのうち、3割ほどは喜びの中で時間が過ぎていく。自分の得意なことをしていて、あっという間に時間が過ぎてしまう感覚だ。誰もあなたと同じように、あなたと同じ水準でこなすことはできない。このような仕事の後では、疲れは感じず、気分が良くなる。たとえ時間のかかる仕事でも、それほどの労力は必要ないように感じられるからだ。他のことはせず、これだけに専念していれば、止まることを知らない機械のようになれそうな感覚だ。

**ボトム・スリー：**対照的に、自分が不得手なことをする3割の時間だ。たぶんあなたは、やらなければならない状況になるまで先延ばししようとするだろう。作業に取りかかると疲れを感じ、やる気が出ず集中できない。その仕事だけでなく、それに関係するすべてのこと、すべての人を嫌いに思い始める。とにかく何かで気を紛らわせようという気になって能率は上がらず、痛々しいまでに時間が余計にかかる。

**ミドル・フォー：**残りの4割は問題なくできること、つまり気が安らぐ時間だ。熟知した想定済みの仕事で、終えられるめどもついている。

ここでのポイントは、トップ・スリーとボトム・スリーの見極めをはっきりつけることだ。そして、トップ・スリーに充てる時間を努めて増やすようにする。トップ・スリーの仕事は先延ばししないのが原則だが、妥協策として、トップ・スリーの仕事とミドル・フォーの仕事を交互に繰り返していくという方法もある。

あなたが褒められ、報いや感謝を受けるのは、このトップ・スリーの仕事だ。あなたの仕事ぶりが評判になる。これがあなたという人間、あなたの才能、あなたの存在意義のエッセンスだ。

次に、ボトム・スリーの仕事に使う時間を努めて減らすようにする。このような仕事は、終えたところで何かが変わるわけではない。トップ・スリーの仕事で劇的な変化を生み出すチャンスを逃したという点で、むしろ状況は悪くなるかもしれない。この種の仕事は外注や委任、自動化、人の手を借りること、誰かに有償で引き受けてもらうことも考えてみよう。そうすれば魔法が働く――あなたのボトム・スリーの仕事が、他の誰かのトップ・スリーの仕事になるのだ。

ミドル・フォーの仕事については、常に問題なく片付けられる。ただ、自分の中に眠っているものを引き出す可能性が隠れているかもしれない。まだ磨かれていないスキルや、新たな関心などだ。周りの人たちを観察して、新しく学べるものを探り、ボトム・スリーで削った時間をここで活用しよう。

自分のトップ・スリー、あるいはミドル・フォーの仕事での学びと鍛錬に時間と労力をつぎ込もう。ボトム・スリーの仕事は、どんなに能率を高めても楽しくはならないはずだ。

## 高次の「3-4-3」戦略

次に、「委任の秘訣」について少し説明しておこう。誰かに仕事を任せる必要があることはわかっているが、どうすればいいのかわからないという場合にも「3-4-3」戦略がものを言う。たいていの場合、人に任せるのは自分のトップ・スリーかミドル・フォーの仕事になりやすい。自分の「汚れ物」を人に回すことはできないと思うからだ。

そしてもちろん、あなたのトップ・スリーの仕事をあなたと同じレベルでこなせる助っ人はいない。となると、助っ人の仕事の細かい管理に時間を取られることになり、結局、また自分でやるという状態に逆戻りしてしまう。

その点、あなたはボトム・スリーの仕事には何の思い入れももっていない。しかも（正しい人選をすれば）他の誰かがあなたよりもうまく、早く、苦痛も感じることなくこなせる仕事がある。つまり、その相手のトップ・スリーかミドル・フォーの仕事だ。

チームメンバーそれぞれの「３-４-３」がどれほど違うものか、あなたは驚くはずだ。そこから理想的な適材適所という状態が生まれうる。

もう要点はつかめたはずだ。意識を高めて、行動を始めよう。

# 41 1つに集中する

「前進の秘訣は、まず始めることだ。
まず始めることの秘訣は、複雑で圧倒的な仕事を手に負える仕事に分解し、
その最初のものから始めることだ」
——マーク・トウェイン（1835-1910年）

新しい結果を生み出すには、1つの行動に絞り込む必要があると、私はずっと思い知らされてきた。ところが、さまざまな事柄が並ぶリストの中で、その仕事が埋没してしまうことが往々にして起こる。そして進歩が遅らされ、疑いの意識が高まって後が続かなくなる。では、どうすればいいのか。

あなたは会議やイベント、選択肢、情報、課題の渦にのまれ、その1つひとつに集中力を奪われているかもしれない。そんな中で自分を変えるのは難しい。意志の力について、私が経験的に知ったことは、多くの大学や研究機関の研究結果と一致している。すなわち、意志の力はレーザー光の

ように、1つのことに集中するときに最も強くなるのだ。

ある年の初め、私は3つの「誓い」を立てたが、意志の力が分散してしまう結果になった。そこで目標を1つに絞り、すべての意志力をそこに振り向けることにした。すると、1つに絞り込むことによって、その目標に集中することができ、1カ月以内に達成できた。その次の月には、また新しい目標を1つ選び、それを何よりも優先させることにした。

あなたの「しなければならない」ことや「する必要がある」ことのリストを見直し、どれか1つに的を絞って取り組むようにしてほしい（次の1週間、あるいは1カ月にわたって）。

1つのことに集中する力が高まり、自分の進歩や変化を実感していくことができるはずだ。また、集中力そのものも高まっていく。つまり、1つに集中して達成する強い筋肉ができ上がっていくということだ。1つに絞り込んで、成果を上げよう。

# 42 いつもの顔に戻る

「経験とは、あなたに起こった出来事ではなく、
あなたに起こった出来事にどう対処したかだ」

――オルダス・ハクスリー（1894－1963年）

多くの著書もあるスピリチュアリスト、故ウェイン・ダイアーが残した言葉のなかで私が好きなものの1つに、「自分の物の見方を変えれば、その物が変わる」というのがある。要するに、どんな時でも、自分の経験は自分自身の態度によって決まるということだ。

あなたの現実（プレッシャーや喜び、成功、緊張の中でもつ自分の意識）は、まぎれもない本物として感じられる。そのことについて意識的に考えようとしないかぎり、それが現実――他に代わりうるものはない現実――であるように思える。あなたの現実に対する意識（あなたの考え方）が、あなたの行動を決める。そしてそれが、あなたの経験を生み出していく。

実際のところ、あなたが置かれている状況は、自分で考えている状況とはかなり違っている可能性がある。あなたは、自分の状況のどの部分を意識し、どこに目線を合わせているだろうか。自分の現実を変えるには（これは可能だ）、それに逆らおうとする必要がある。私自身の例で説明しよう。

少し前のこと、3週間ほど「やらなければならないことばかりで、時間が足りない」という時期があった。「どこから手をつければいいのかわからない」とか「これではらちが明かない」と思うような状態だった。

つまり、気が張りつめて、不安やいら立ち（家族に当たり散らしたりするような）を抱えた状況だった。それが顔の表情に出て、親しい友人たちから「いつもの顔に戻れよ」と言われていた。ずっと、しかめ面をしていたのだ。

この時期には、態度も否定的になっていた。「集中できる時間がない」と。こんなありさまで、家でも仕事場でもピリピリして気が立っていた。仕事は進んではいたのだが、楽しさが感じられない状態だった。

このような状態になったら、いつでもフェイスブックやツイッター、あるいはテレビを見たり、何かを読んだりして、自分の否定的な考え方を切り替えるようにすることができる。態度を切り替えて、自分の経験を変えるための秘訣は――リアリティー・チェック（現実の確認）だ。

自分の今の「現実」に逆らう方法を探し出そう。真逆の考え方（「毎日、全部こなせる時間はある」）になるのは無理だとしても、もっと前向きな考え方に近づくことができる。たとえば、「時間はある」「仕事はこなせている」「時間のやりくりはできている」というように。

そうした「別の現実」がもう本当のことになっているという根拠を、3つ見つけ出そう。ここで重要なのは、あなたの心が最初は抵抗しようとすることだ。たとえば「時間を見つける」ということなら、会議と会議の合間や次の10分間の使い方に目を向けるようにしよう。

元の感じ方や考え方に逆戻りしそうになったら、自分が望んでいる現実に考えを振り向けるように努めて意識して、気分を高めるようにしよう。これを身につけるのに、それほど時間はかからない。かなり早いうちに、自分にとって望ましい新たな現実が「標準」になるはずだ。

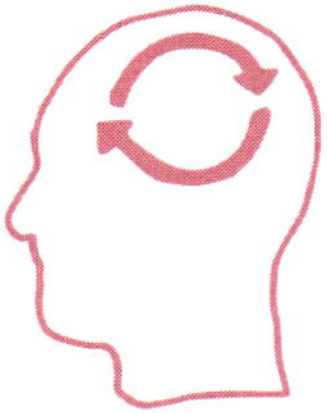

# 43 軽い草取り

「毎日を刈り取った収穫で判断してはいけない。まいた種で判断するのだ」
――ロバート・ルイス・スティーブンソン（1850-1894年）

幸いなことに私の家には大きな庭があるが、ガーデニングをしているとか、花壇を熱心に手入れしているというわけではない。それでも、朝日を浴びながら庭を歩いていたときに、草取りの比喩が頭に浮かんだ。

庭を見渡していたら、まだあたり一面というわけではないが雑草が増えていることに気づいた。あと何週間かで間違いなく雑草が花壇の土を覆い、まいた種が育つのを邪魔することになるだろう。今すぐ草取りをしなければならないというほどではなかったが、草取りをすればスペースが広がり、また新しく花の種をまくことができる。雑草がまた生えるのを防ぐことにもつながる。

この比喩の意味をつかんでもらえただろうか。あなたの頭の中、デスク、計画、本棚、予定表、食器棚、クローゼットなど、あらゆるものに雑草が生えるのだ。集中を邪魔されたり、すぐに疲れを感じたり、目標を見失ったりすることにならないうちは、雑草はなんでもないもののように思える。

しかし実際には、気づかないうちに前進を邪魔されているのだ。花壇が雑草に覆われ、きれいな草花が芽を出すのを邪魔されるのと同じように。

草取りは春に限らず、タイミングはいつでもかまわない。新しいことが育つスペース、新しいアイデアや計画を植え付けるスペースをつくり出すのだ。今週の予定のどこかに30分の時間を取って、次のことをしてほしい。

**1. 自分のデスクの上や予定表、計画などを見渡して「草取り」をする。その場で邪魔なものを見極めて、取り除くようにする。**

**2. テレビや新聞、ラジオなどで悪いニュースに接する時間を減らす。ネガティブな人たちも避けるようにする。**

3.
**刺激を受けるポジティブな人や場所、イベントに多く接するようにする。**

こうした「草取り」を習慣的に続け、身の回りの環境が整っていくにつれ、あなたのすばらしい可能性が花を開かせるようになる。

# 44 「Ctrl＋Alt＋Del」

「受け入れないことには、何も変えられない」

――カール・ユング（1875－1961年）

パソコンの動作が遅くなってイライラしてくると、私は「Ctrl＋Alt＋Del」のキー操作をする。この基本的なステップによって、プロセスの実行状態とそれぞれのタスクに使われているメモリーの量がわかる。

しかし、この情報だけでは、実行中のプロセスの中身まではわからない。それは重要なものなのか、私にとって良いものなのか、今このパソコンが実行する必要のあるものなのか。

整理されていない私のパソコンと同じように、あなたの懸案のリストも驚くほど長くなっているかもしれない。そのそれぞれが、あなたの能力と集中力、記憶力を使っている。

デスク上にある1枚1枚の紙、自宅の部屋にあるメモ、しなければならない連絡、仕掛かり中の仕事、放ってある仕事、過去の間違い、新しいアイデアや計画、夢、あるいは疑念——そのすべてが、あなたの処理能力の一部を使っている。

人間の能力のすばらしさのおかげで、このような事柄の大部分は意識されず、あなたは邪魔されることなく日々の仕事にいそしんでいる。

しかし、そのリストが通常の許容範囲を超えると、自分のベストな状態に入りにくくなり、新しい仕事に取り組むためのエネルギーが枯渇することにもなりかねない。

ここでのポイントは、あなた自身の「Ctrl+Alt+Del」のキー操作だ。まず、ペンと紙を用意して、頭の中にある懸案をリストアップする。深く考えて、すべてをさらい出そう。あなたの頭の中で今、実行／保持されているものすべてだ。それから何日か経ったら、もう一度、リストを洗い直してみる。

そして、リストを点検する。あなたのメモリーの大部分を使っている事柄があるはずだ。私たちは、そうした事柄に集中力を使っていることが多い。

次に、重要とは思えない事柄の数々に着目してみよう。それらすべてが相まって、あなたの能力とエネルギーのかなりの部分を奪い取っているはずだ。

このリストは、すぐに整理する必要がある。すぐに終えられるもの、切り捨ててしまえるもの、

「一時休止」にするもの、あるいは今すぐに手を付けられるものは？

このようにして見極めをつければ、これまでとの違いを実感できるはずだ。この「Ctrl＋Alt＋Del」を月に一度のメンテナンスとして採り入れてほしい。リストが長かったり、メモリーがいっぱいだという感じがしていたりしたら、それ以上の頻度にしよう。

# 45 いちばん大事な会議

「今日のあなたは、あなた自身の考えに導かれてきた場所にいる。
明日のあなたは、あなた自身の考えが導いていく場所にいる」
——ジェームズ・アレン（1864-1912年）

次の1週間の予定を見てみよう。あなたは会議の多さにすぐ気づくはずだ。ほっとする間も考える間もなく、会議が立て続けに入っているという日もあるだろう。

私はコーチングの仕事で数多くの企業に関わっているが、会議が習慣になってしまっている会社が多い。1つあるいは2つの目標の達成に向かって進んでいくうえで、会議はとても重要な意味をもつ。しかし私は、会議がチームや部署、さらには会社全体を消耗させるのも目の当たりにしてきた。1つひとつの会議の参加者があまりにも多すぎ、議題や行動計画が手に余る状態になってしまう。これでは能率の低下にしかつながらない。

その一方で、あなたとあなたの人生にとって最も大事であるかもしれないのに、ほとんど見過ごされているような会議がある。ここでのポイントは、その**いちばん大事な会議**を今すぐ予定表に入れることだ。それは、シンプルな自分自身との会議だ。「自分と自分の会議」は、戦略や戦術を決めたり、反省をしたり、行動を決めたりするのに使える。あなたが毎日出ているさまざまな会議と、目的は似通っている。

自分はもう、隙間の時間を見つけて自分の計画や構想、取り組みについて考えているので、自分との会議はしていると思う人もいるかもしれない。しかし、自分との会議を正式な予定としてスケジュールに入れないと、たいていの場合、最大の効果は得られない。そうしないと、会議と会議の間の移動時間とか駐車場や駅まで歩いている間、あるいは通勤時間のような空き時間だけに限られてしまう。そうなると、議題や特定のテーマを設定しない取り留めのない思考になり、すぐ何かに邪魔されたり、まったくふさわしくない環境の中ですることになったりしてしまう。

あなたは、そんな状態でチームのミーティングやプロジェクトの会議をしたいと思うだろうか。もしそうだとしたら、それでどんな結果が期待できるというのか。

自分の考え方や働きぶり、成果を変えたいと思うのなら、「自分と自分」のコミュニケーションのプランを採り入れる必要がある。自分との会議は、グラフを用意して会議室でする必要はない。

シンプルに、いちばんうまくいく形で設定すればいい。静かな場所で、時間の許す限り、この内なる会話をしよう（最初は10分間でスタートする）。ポイントは、会議を複雑にしないこと。テーマや考える問題は1つか2つに絞ることだ（もう見当はついているだろうが、できるだけ1つにすることをお勧めする）。

毎日10分、1週間で約1時間。専門家をゲストに呼ぶのもいい。一定の頻度で、ノートを取るのもいいだろう（散歩をしながら考えたアインシュタインがそうしたように）。これは信じられないほどの価値を生み出す時間の投資になる。今すぐ始めるのがいい。

あなたの「いちばん大事な会議」を試してみよう。いちばんうまくいく形が見つかるまで、いろいろなやり方をしてみればいい。今の自分の位置や状況について静かに考えるシンプルな会議から、特定のテーマに考えを集中させる会議まで、いろいろなやり方ができる。次のような問いのいくつか、あるいはすべてをテーマにしてもいい。

- **前回の会議の後、最も成果が上がったことは？**
- **自分が今、直面している最大の難題は？**

●どんなサポートがあれば、すべてがもっとうまくいくか（自分で答えに縛りをかけないで、理想的なリストをまとめ上げる）。

●今の自分が利用できるものは？

●必要なのに欠けていたり、不足していたりするものは？

●自分が引き寄せているものは？

●自分が本当に求めているものは？

●自分がやめられること、あるいは始められること、やり続ける必要のあることは？

しかし、何よりも大事なのは……「シンプルにいく」ということだ。あとは、やるだけだ。

# 46 「今、ここで」行動する

「人の自己像と習慣は重なりやすい。一方を変えれば、もう一方もおのずと変わる」
――マクスウェル・モルツ（1889－1975年）

私は、自分自身のコーチの1人であるドリュー・ロゼルから大きな触発を受けた――一緒にした仕事を通じて、あるいは彼が書いたものを読んで。見出しに掲げた『今、ここで』行動する」というのも、彼が何年か前にニュースレターに書いた言葉だ。私はこれを戒めにして、繰り返し口に出している。

どこか別の所にいたいと思うような状況を経験したことがあるだろうか。心ここにあらずというような状態になったことは？　自分にとって何の足しにもならないが、かといって出て行くわけにはいかないという行事や会議、状況を経験したことは？

そうした状況に身を置くと、あなたは2つの心をもった人になる。能率が下がり、集中力が損なわれ、創造力の発揮を妨げられ、気分が（悪いほうへ）変わってしまい、上の空のような状態で、おそらく一緒にいても楽しくない人になる。要するに、自分にふさわしい場ではないのだ。

これからの何日間か、どのような状況の中でも、自分は「今、ここ」にいるのだということを意識して、それにふさわしい行動をするようにしてほしい。気が散ったり、落ち着かなかったり、いら立ったりするような状況の中でも。「今、ここ」に集中するために、頭を切り替える5つの方法を紹介しよう。

**1. この状況が自分の願いどおりのものだったとしたら、自分はどのようなことをして、どんなことを言うだろうか。振る舞い方や話し方、関与の仕方は？ どのような答えが出てきても、それを実際にやってみる。**

**2. この状況や周りにいる人たち、周りにある物、聞こえる音、場の雰囲気などについて、まだ自分が気づいていないものは何か。**

**3. ここでの自分の役割は何か（まだ自分で気づいていない部分があるとして）。**

**4. ここで学べることがあるとしたら、それは何か。**

**5. ここで自分が教えられること、他の人たちと分かち合えることがあるとしたら、それは何か。**

次の1週間、会議に出るたびに、このような問いについて考えてみよう。自分で思いついた問いを加えてもいい。頭が会議から離れてしまいそうになったら、その問いを自分自身にぶつけ、その答えどおりのことをしてみるのだ。

「今、ここ」に頭を集中させ、自分がもっているものをすべて出せるようにしよう。

# 47 最も影響する5人

「足の悪い人たちといつも一緒にいると、足を引きずって歩くことを覚えてしまう」

——ラテン世界のことわざ

あなたが共に過ごす時間が最も長い5人の人たちは、次の面であなたに最大の影響を及ぼしている。

**1.** 心の状態
**2.** 態度
**3.** 今の考え方と世界観
**4.** 物事の判断の仕方
**5.** 将来のビジョンと期待

自覚しているかどうかにかかわらず、あなたの考え方は、その5人によって形成されている。その人たちの発想や物の見方があなたにうつる一方で、あなたのそれも彼らにうつっている。あなたの心の状態や態度、現在の状況に何か問題が生じた場合には、「最も影響する5人」に目を向け直してみよう。

その5人は、あなたの力になっているだろうか。目標や願いの実現を助けてくれるだろうか。あなたの支えになってくれるだろうか。あなたの成長や情熱、夢に少しでも関心をもってくれているだろうか。

この数週間、あなたが最も長く時間を共にしたのは誰だろうか。職場や会議、あるいはプライベートであなたが接しているのは、どんな人たちか。

その最も重要な5人を見極めたら、それぞれの境遇について考えてみよう。何を大事にしている人か。上り坂にあるのか、下り坂にあるのか。希望にあふれ、刺激を与えてくれるか。行き詰まっているか、進歩しているか。このうちのいくつか、あるいはすべてがあてはまるか。

今のあなたに「最も影響する5人」は、あなたの最近の来歴や地理的な居所の結果であることが多い。その5人を意識的に選ぶようにしないかぎり、あなたの心の状態や態度、成果を変えることは難しい。その5人が、あなたのレベルを決めるのだということを忘れないでほしい。

今の5人のなかに、接する時間を減らすべき人はいるだろうか。それに代わる人は？　あなたを支え、もっと高いところへ押し上げてくれる人は？

今週のうちに行動を始めてほしい。変化を起こすには、かなりの行動が必要かもしれないので、今すぐ始めよう。候補者との面談から始めることもできる。

# 48 目的意識のあるチーム

「働く喜びが、仕事を完璧なものにする」――アリストテレス（紀元前384－前322年）

必要とされる仕事をこなすことにほぼ終始し、ただ存在しているだけという状態になっているチームは多い。あなたの中にもチームの中にも、もっとできるはずだという意識は必ずあるだろう。「1＋1＝3」という相乗効果の話もよく耳にしているはずだ。全体の総和は、部分の単純合計よりも大きくなるという意味だ。実際、大きな潜在能力はほぼ必ず、あなたのチームの手の届くところにある。

あなたのチームのメンバーに次のような問いについて考えてもらい、その答えを前進の指針にしよう。

**1. チームに加わっていることで、自分個人として何を得たいか、また何を得ているか。**

メンバーの答えは、それぞれ違っているだろう。それを浮かび上がらせることによって、メンバー全員の協働が自分自身の個人的な願望の実現につながるという意識が生まれる。しかも、その願望は個々に異なっているのだ。

**2. 私たちの顧客は誰か。**

あなたの会社の製品やサービスを買う人たちだけでなく、株主や取引先なども含まれる。そのすべてに、あなたのチームは影響を及ぼす。

**3. 彼らは、私たちのことをどう言っているか。**

何らかの形でコミュニケーションをとる関係になってはいなくても、実際に相手に聞いてみることもできる。

**4. 彼らにどう言ってもらいたいか。**

現実性に縛られることなく、思いきり願望をふくらませてみよう。

## 5. 邪魔になっていることは？

それを変えることを考える。前進の障害を見極め、それを取り除く。簡単な変革から始めて自信をつけ、勢いに乗れるようにする。

うまくいっているチームは、このようなことを無意識的にしているはずだ。対話を通じて実情を浮かび上がらせ、問題意識をチームの変革につなげて進んでいくのだ。

# 49 思考者は思考し、実証者は実証する

「私たちは自分が考えているものになる」
――ブッダ（紀元前6世紀）

あなたの日々の経験は、あなた自身がもっている仮説や前提によって左右されやすい。つまり何を意識するか、何を見聞きして感じ、何に気づこうとするかだ。

自分の前提を意識していないことも多いかもしれない。自分で気づかないうちにでき上がったものだからだ。そうした前提は、次のような要因によって形成され、内面に深く根を下ろす。

**1.** **親の育て方**

**2.** **環境（家庭、学校、仕事）**

**3. 友人**

**4. 読むもの、見るもの、吸収するもの**

**5. 一緒にいる時間が最も長い人**

あなたがもつ前提は生活のあらゆる側面に影響し、心地よさの感覚を左右する。あなたの成功と喜びは、次の要因から生まれる。

**1. 人間関係**

**2. 仕事、職務、成果**

**3. 健康と幸福感**

**4. 経済的状態**

あなたは意識のどこかのレベルで、このような前提について考えている。それが意識に染みつき、あなたの頭は別の部分で、その前提が正しいことを示す要素を自分の世界の中に見て取ろうとしている。仮説の正しさを示す証拠を見つけようとすることによって、いわば感覚器官がオフの状態になってしまう。つまり思考者は思考し、実証者は実証するのだ。

自分の前提に反することに出くわすと、それが好ましいことであれ嫌なことであれ、例外の異常な現象だと片付ける。つまり「事実上」、証拠として認められないものだと切り捨てる。

一例として、私の長年のクライアントの1人は、キャリアを前進させ続けていたが、それは常に過剰な仕事の負担、肉体的な無理、時間的なプレッシャーを伴い、生活全体にしわ寄せが及んでいた。

私たちは対話を通じて、その背景に彼女の1つの前提が潜んでいることを突き止めた。それは、自分には上級職は荷が重く、責任が重くなれば苦労することになるという思い込みだった。上級職というポジションに新たな挑戦が伴うことは認めなければならないが、彼女はそれを重くとらえ過ぎていた。つまり、「無意識」的に自分の思い込みを自分で現実にしていたのだ。

そこで、新しい仮説を試してみることにした。彼女が信じられそうな範囲内の新しい仮説だ。上級職の立場になると、仕事のやり方を変えるチャンスが生まれることも多くなる。波風を立てずに生産的になれるチャンスだ。そうした環境の中で、彼女は少しずつ新しい仮説を受け入れるようになっていった。抵抗感や疑念も生じたが、それまでの前提が変わっていった。

今週のうちに、生活の中の４つの重要な側面で自分がもっている前提について、考えてみてほしい。人間関係、健康、経済状態、キャリアの4つだ。そのうえで自分の現状と、パターン的に繰り返されている結果に目を向けてほしい。それは自分自身が決めている前提と、ほぼぴったり重なり合うはずだ。自分の前提を改めることができるはずだ。

あなたのすばらしい脳は、あなたが与えた仕事をこなしてくれる。前提を考え直し、それを現実に変えよう。すばらしい成果につなげよう。

# 50 自己判定

「自分を信じること。あなたは、自分で思っている以上に物を知っている」
――ベンジャミン・スポック（1903-1998年）

ある女性にコーチングをしたときのことだ。その女性は、しきりに自分自身について、そして自分が置かれた状況について、価値判断をしようとしていた。無意識のうちに、善しあしを判断しようとしていたのだ。自分自身を、ほとんど現実とかけ離れた基準と比べていた。このような自己判定がそのまま態度と気分に影響し、言葉遣いや声の調子にも表れ、不満の意識につながっていた。

このように「判事」が暴走すると、何もかも満足できない状態になってしまう。

あなたにも、同じような「内なる判事」がいないだろうか。成長の余地を見いだす助けになるという考え方もあるかもしれないが、そうではない。

私たちのほとんどにとって、それは空想上の完璧な世界や幻想的な自己像を描き出す存在であり、自分自身をいじめること、自分自身を失望に陥らせることにつながるだけだ。

価値判断はやめよう。それは痛みを引き起こし、自分自身にネガティブな感情をもつことにつながってしまう。何についても誰についても、とりわけ自分について価値判断をしないで1週間を過ごしてみてほしい。

もう1つの方法は、「内なる判事」の裁きに気づくことだ。その内容を紙に書き出し、笑い飛ばしてゴミ箱に捨てる。自分自身、そして自分の状況を、すばらしいものであるとして受け入れるようにしよう――たとえ、そうは思えなくても。

1週間、試してみるだけでいい。それだけで、判事を出て行かせることができる。その1週間、あなたは次のようなことを経験するだろう。

- **判事が大声でわめこうとする。そうなったら、判事のかつらを顔にかぶせて黙らせよう。**
- **周りの人たちが、あなたの様子が変わったことに気づき、「大丈夫?」と聞いてくる。**
- **周りの人たちがひどい状況だと思うような中でも、あなたはそれより「軽い」気分になる。**

●自分は何かを見落としているのではないか、自分自身をだましているのではないかという不安が心をよぎる。

●しかし最終的に、「何も問題はない！」と思えるようになる。

いつものように、シンプルにいこう。

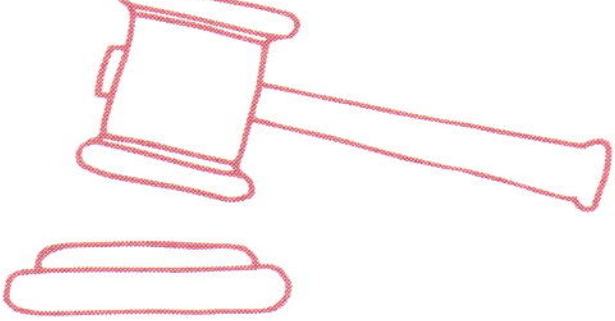

# シンプルにいこう

おめでとう！　あなたは、この「シンプルノート」集を最後まで読み終えた。毎週1つずつだとすれば、あなたは1年分の自己啓発のアイデアを探究したことになる。あなたの人生の旅の支えになるシンプルノートや、あなたの考え方を変え、あなたに変革をもたらすシンプルノートが見つかれば幸いだ。

故スティーブン・コヴィーは、その著作（特に『7つの習慣 成功には原則があった！』）を通じて、新しく知ったことを本当に身につけるには、数日以内に誰か別の人にそれを教えることが役立つと説いている。このパラダイムシフト（学ぶ側から教える側へ）によって、脳と情報が別の形でつながり、ただ学ぶだけの場合よりも深く「体得」できるようになる。

ならば、あなたも、この本のことを人に教えてみてはどうだろうか。本のタイトルや私の仕事について話すだけでも、それを聞いて興味をもった人が自分で本を探したりすることになる。私が実際に効果を確かめたうえでまとめたアイデアの数々を人に教え、あなた個人として、あるいはパートナーやチームのメンバーと一緒に実践してみてほしい。1つまたはいくつかのシンプルノートを実践してみると、新しいアイデアが浮かんで結果がさらに良くなるという声が届いている。

# 私が触発された人と情報

**ウェイン・W・ダイアー博士**

故ウェイン・W・ダイアー氏は、私が最も触発を受けた人物と言えそうだ。何かヒントやアイデアが必要になると、今も私はまず同氏の著書に立ち返る。著書の数は30冊を超え、オーディオやビデオの教材も多数にのぼる。私も考え方が変わるほどの触発を受け、本書で紹介したアイデアの数々にもつながった。

主な著書に『「いいこと」が次々起こる心の魔法』『静かな人ほど成功する』『ダイアー博士のスピリチュアル・ライフ』のほか、ニューヨーク・タイムズのベストセラー入りした『スピリチュアル・パワーが目覚める10の秘密』『思い通りに生きる人の引き寄せの法則』『老子が教える実践道（タオ）の哲学』『「使わない！」とうまくいく〝18の言葉〟』がある。いずれもアメリカでは全米公共テレビで特集番組が組まれた。www.drwaynedyer.com

**トマス・レナード**

トマスは現代のコーチングの父だと、私は思っている。さまざまなコーチングの手法を編み出した人だ。2003年に亡くなられたが、私はロンドンでのイベントで2回、共に仕事をする栄誉にあずかった。1992年にコーチ大学、94年に国際コーチ連盟を設立。数百に及ぶコーチングのセミナーやプログラムを創案し、2000年にはポータルサイト「コーチヴィル」を立ち上げた。このサイトが私の最大の学びと成長の場になった。www.coachville.com, www.thomasleonard.com

## ケイト・ダフィー

2001年にコーチングのセミナー（ジェイ・ペリーとスコット・ウィントリップの「シンプリー・エフェクティブ」）で出会って以来の間柄で、互いにコーチングをしたり、一緒にコーチングの仕事をしたりしている。ジョアン・ダンリービーを加えて「アティテュード・バイタミン」もまとめ上げた。1日の初めに自分の態度を変えるためのアイデアを1回15分間でまとめたプログラムだ。

ケイト・ダフィーは、自然な結果を重視する認定ライフコーチで、非営利活動のリーダーシップやセールス、マネジメント・コーチング、人事管理などを手がけている。現在は、依存症の人々の快復を助けるリカバリー・コーチングやライフ・コーチングに取り組んでいる。

## マイケル・ニール

私は2002年からマイケルのブログを読み続けているが、価値のない内容だったことは一度もない。国際的に知られたトランスフォーマティブ（変容）コーチで、『インサイドアウト・レボリューション』『ザ・スペース・ウィズイン』など5冊のベストセラーを著している。毎週のラジオ番組「リビング・フロム・ジ・インサイド・アウト」は10年以上、ヘイハウス・ラジオの人気上位にランクインしている。www.michaelneill.org

## ドリュー・ロゼル

2003年以来の「ドリューズレター」の熱心な読者として、私はずっとドリューの考え方に影響を受けてきた。09年には1年間、一緒に仕事をしてもらったことが新しいビジネスにつながり、私のコーチングビジネスの大きな転機となった。社会心理学の博士号をもち、アウェアネス（気づき）を高めて魅力的な生活をおくるためのコーチングと執筆活動に取り組んでいる。現在は特にクールな生活をテーマにしている。www.verycoollife.com, www.drewrozell.com

## フォローをお勧めしたいもの

### インスタグラム

simontyler_official（私だ！）
deepakchopra
eckharttolle manifestation_manifesto

### ツイッター

@simplysimont（私だ！）
@simonsinek
@thesecret
@BreneBrown
@TheGoldenMirror

## 参考文献


●ジュリア・キャメロン『新版　ずっとやりたかったことを、やりなさい。』菅靖彦・訳、サンマーク出版、2017年

●ディーパック・チョプラ『富と成功をもたらす7つの法則』渡邉愛子・訳、KADOKAWA／角川書店、2014年

●エックハルト・トール『人生が楽になる　超シンプルなさとり方』飯田史彦・訳、徳間書店、2007年

●ドン・ミゲルルイス『四つの約束』松永太郎・訳、コスモスライブラリー、1999年

●ジェイムス・F・トゥワイマン『ザ・モーゼス・コード　歴史上最も強い力を秘めた創造のツール』ブレンダ、山崎直仁・訳、春秋社、2009年

●ジェフ・オルソン『スライトエッジ』藤島みさ子・訳、きこ書房、2016年

＜著者＞
**サイモン・タイラー**
Simon Tyler

ビジネスコーチ、モチベーショナルスピーカー。子どもの頃のあだ名「シンプル・サイモン」を受け入れ、シンプルに関する頭の使い方やさまざまな手法を伝授し、多数の企業経営者やリーダー、事業オーナー、企業家の成功を手助けしている。著書に“The Impact Code”（Lid Publishing）がある。

ウェブサイト：www.simontyler.com
ツイッター：@simplysimont
インスタグラム：simontyler_official

〈訳者〉
**斉藤裕一**
Yuichi Saito

ニューヨーク大学大学院修了（ジャーナリズム専攻）。主な訳書に『マッキンゼー式　最強の成長戦略』（エクスナレッジ）、『マイクロソフトの強さの秘密　リーダー・セラピー』『最新　ハーバード流3D交渉術』『「評判」はマネジメントせよ 企業の浮沈を左右するレピュテーション戦略』『脳のフィットネス完全マニュアル』（以上、CCCメディアハウス）などがある。

**頭《あたま》と仕事《しごと》をシンプルにする**
**思《し》考《こう》整《せい》理《り》50のアイディア**

2018年3月20日　初版発行

著者　サイモン・タイラー
訳者　斉藤裕一
発行者　小林圭太
発行所　株式会社 CCCメディアハウス
〒141-8205 東京都品川区上大崎3丁目1番1号
電話　販売　03-5436-5721
　　　編集　03-5436-5735
http://books.cccmh.co.jp

印刷・製本　慶昌堂印刷株式会社


ISBN978-4-484-18104-2